イラッとさせない
話し方

梶原しげる

日経ビジネス人文庫

はじめに◎渡る世間をより快適に過ごすための処方箋

人はちょっとした言葉遣いに「イラッとする」ものだ。

某放送局に勤める知人の話だが、番組の企画会議で最近頑張っているスタッフA君を励まそうと声をかけたのだそうだ。

知人「いいねえ、この企画！　君のアイデア？」

A君「そうですが（何か？）」

さぞや喜んでくれると思ったら、返ってきたのはいぶかしげなひと言。知人はかなりイラッとしたという。「はい、そうです！　ありがとうございます！」と笑顔で応じてくれるのを期待していたというのに……。

また別の知人は、部下B君とのこんな会話にイラッとしたと教えてくれた。

B君「この書類、確認してもらってもいいですか？」
知人「……」
この「〜してもらってもいいですか」は、**いわゆる**「敬語もどき」と称される表現で、若い世代には違和感がないのだろうが、組織の中堅以上の世代にとってはまわりくどい表現として「イラッと」くる人が少なくない。

「**いわゆる**」と言えば、昼の情報系テレビ番組の司会者の宮根誠司さんは番組中「いわゆる」を連発することで知られる。
「これって春川さん、いわゆるウォーキングやジョギングは、いわゆる、自粛対象に含まれないとの発言でしたが、一方で、いわゆる、犬の散歩程度なら、ま、いわゆる、大丈夫ということですかね、五郎さん？」
ご本人は「いわゆる」を繰り返すことで話のリズムやテンポを整える意図かもしれないが、残念ながら同じ言葉の繰り返しにイラッとする人も少なくないと聞く。

イラッとするポイントは人それぞれだが、あなたにも思い当たることがたくさんあ

るはずだ。そして、もしかしたら自分の話し方で相手をイラッとさせてしまっているのでは、とドキッとした人もいるかもしれない。

ちなみに「イラッと」は、多くの辞書がその語義を記している。

『広辞苑』：瞬間的に苛立ちを覚える様。例「失礼な態度にイラッとした」
『大辞泉』：軽く、または瞬間的にいらだつさま。例「上役の質問にイラッとする」
『三省堂国語辞典』：いらだつようす。むかっと。例「無神経な男にイラッとする」

「イライラ」が長期的な苛立ちだとすれば、「イラッと」は瞬間的な苛立ちと言えるだろう。

私流の解釈で言えば、「イライラ」は心理的な健康を損なう元凶だが、**「イラッと」は人間関係をしくじる元凶。**「良好なコミュニケーション」を願うなら、まずは「イラッとさせない話し方」を目指すことをお勧めしたい。

そこで、本書は、自分が気づかぬまま周囲をイラッとさせてしまうリスクを最大限減じるための話し方のノウハウを、数多くの具体例とともに提案している。

上手な伝え方、ほめ方、謝り方、頼み方、場をなごませる雑談術、敬意表現、話の聞き方などの**言葉を使ったコミュニケーション**から、表情、間のとり方といった**非言語のコミュニケーション**まで網羅。人間関係を良好に保つための、話し方・伝え方の処方箋を目指した。

私自身、アナウンサーとして、日本語検定審議委員として、カウンセラーとして、話し方・伝え方についてさまざまな現場を体験してきた。

そこでの知見をもとに、ウェブサイト「NIKKEI STYLE」で「梶原しげるの『しゃべりテク』」を長きにわたり、連載している。本書は連載に加筆、修正を施し、スキルやノウハウに焦点を当てて再構成した。

さらに、コラムには、アメブロの連載「会見観察人!梶原しげる参上!」を一部収録した。スポーツ選手や政治家の発言の裏にある本音をあぶり出すとともに、話す相手を「イラッと」させないためのヒントを提示した。

2020年春以降、私たちの生活は激変した。

新型コロナウイルス感染拡大を機に、厳しい外出自粛が求められ、不慣れなリモートワークが急増。従来主流だったフェイス・トゥ・フェイス、対面型の直接のコミュニケーション機会がどんどん減ったり、外出自粛で世の中がギスギスしたりする空気も「イラッと」を急増させる大きな要因となっている。

こんな時代だからこそ、**相手も自分も傷つけない、ちょっとした言い方や伝え方、表情など、コミュニケーションの一つひとつが大切**になってくる。

ビジネスパーソンや就職活動中の学生さんはもとより、友達付き合い、ご近所コミュニケーション、そして家庭内など、渡る世間をより快適に過ごしていただくため、本書が皆さまのお役に立てる情報となれば、これに勝る喜びはない。

2020年7月

梶原しげる

イラッとさせない話し方◎目次

第1章

あえて「尋ねない」心遣い。質問攻めは〝コミュ力〟とは違う

対人関係のツボ

第2章

好かれる人は相手のズレを笑顔で認める

話し方のひと工夫

第3章

上司はなぜイラッとした？言葉遣いのキモはふさわしさ

円滑職場のヒント

第4章

謝罪したのに炎上。「本気度」が疑われるNGワードとは

気配りは使い分けから

第5章

「言葉知らず」は言い間違えよりダメージが大きい

〝コミュカ〟を上げるテク

校正◎内田翔

第1章

あえて「尋ねない」心遣い。質問攻めは〝コミュ力〟とは違う

対人関係のツボ

1 コンビニの支払いでバレてしまうあなたの人柄

近年、飲食店や小売店で働く人が、客の様子や勤務先での悪ふざけなどをSNSで投稿、炎上する事件が後を絶たない。最近もあるコンビニエンス・ストア（コンビニ）で、アルバイトの男性店員が客の様子を写真に撮り、「帰れ！」などの過激なコメントを添えSNSに投稿して問題になった。

「トンデモない、許しがたい!!」

電話で取材した40代の男性が激しい憤りをぶちまけた。彼はコンビニを数店舗経営している。

「『おまえのところも大丈夫か？』みたいに思われたら売り上げだって、アルバイト募集にだって影響が出かねない！」

話すうちに怒りが収まったのか、こんな「本音」も漏らすのだった。

「バカすぎて話にならないが、犯行理由を聞かれ『接客のストレスがたまっていた』

と答えたというその言葉は、ちょっとだけわからないでもない……」

オーナーではあるが、彼は各店舗を回り、アルバイトたちと一緒にレジ打ちも行い、時間があれば、店員の声に耳を傾けるよう努めているという。彼の話によれば、自身の体験を含め、コンビニのレジで接客する人間のストレスは想像をはるかに上回るものだった。日々、「イラッと」や「モヤッと」「ヒヤッと」の連続といっても過言ではないようだ。

声を出してくれるのが店員にはうれしい

経営者「あくまでも私と、うちの店で働く者の感想ですよ。3台あるレジで働く我々は、1日ひとり当たり200人前後のお客さまとやり取りします。ファミレス、居酒屋、美容室など数ある接客業でもこれだけ大人数を、次々お相手する商売はあまりないんじゃないかと思います。老若男女、客層もさまざま。正直に言うと、**お客さんには、いい人、悪い人、普通の人の3種類いる**んです」

梶原「へえ！　まるで、萩本欽一さんのテレビ番組名『欽ドン！　良い子悪い子普通の子』みたいですね（……だいぶ古いか）」

経営者「いい人の代表は、いわゆる〝ガテン系〟の皆さんです。こわもてな感じがするかもしれませんが、作業着で来店した方の言動で、嫌な思いをしたことは一度もない。うちのアルバイトの子たちもほぼ例外なくうなずきます」

店の近所で作業する人たちは、お昼に、そして仕事終わりにと、工事期間中、何度かやって来る。そのこと自体もありがたいはずだが、何よりうれしいのが彼らの「フレンドリーさ」なのだそうだ。

経営者「**声を出してくれるっていうのがうれしい**ですね。『店の中はポカポカしてていいねぇ』『このジュースうまい?』『へえ、よかった』『細かいお金で払っちゃっていい?』『ありがとね〜』――レジでのわずか十数秒のやり取りで、こちらの緊張がすっかりほぐれる。新人なんかは特にそうですよ」

梶原「へーっ、そうなんですか」

経営者「日没が近づくと作業が終わるでしょ? 冬の時期だと4時過ぎです。朝が早い皆さんの帰宅時間で、中にはビールを買ってくださる方もいる。そういうときも『こんな時間から飲んじゃって、ごめんね〜』なんて笑顔で話しかけてくれる。『とんでもないです、お疲れさまでした! ありがとうございます!』と声をかけると、『ありがとさん～』と帰っていく。時間に追われる我々にとってホッとできる瞬間ですね」
梶原「その声かけは、ナンパ目的なんじゃないんですか?」
経営者はきっぱり否定した。
経営者「レジ係が女性であろうと男性であろうと関係なく、ごく自然にあったかくひと言、言葉がけしてくれます」
梶原「現場の安全確認で、声をかけ合う習慣があるから?」
経営者「うーん、いい汗かいているからかもしれませんが……」
理由はいまだ明らかになっていないようだが「いいお客さんナンバーワン」が「ガテン系」であることに間違いはない！ と彼は力説する。

「悪い人」の代表はなんと……

梶原「じゃあ、悪い人は?」
経営者「決めつけるわけじゃないですが、大ざっぱに言うとですよ。おおむね、ネクタイを締めた、ダークスーツ系の中堅ビジネスパーソン、ですねえ。例外は、いっぱいあります、ありますよ。でもね、苦手だなあと感じる人の大半がそんな感じの方なんですよねえ……」
梶原「たとえば？」
経営者「声をまったく出さない。イヤホン、ヘッドホンも多いですね。『いらっしゃいませ』とか『ありがとうございます』とかお声がけすると、視線を下から上にスッと動かすだけ。それだけならいいんですがね」
梶原「何か不都合が？」
経営者「たとえば最近は電子マネーで支払う方が多いでしょう？ あれ厳密に言うと、スイカなんかの交通系とワオンみたいな流通系だと決済が違うんです。『スイカですか？』とか尋ねても無視。分厚い財布を、ドカンと、レジの読み取り機に無言で押し付ける。たまにうまく作動しないこともあるんです。そのとき『チェッ』と、舌打ちするんです。これが続くと我々でもめげますねえ」
梶原「でも声をあげて、クレームつけられるわけじゃないから受忍限度じゃない？」
経営者「いきなり声をあげる方もいるんです。たとえば、お釣りとともにレシートを渡す、これが原則。『お釣りとレシートです』と言うんですが、無言で手や眉の動きで〝要らない〟を表現する人が多い。レジのベテランになると、そういうちょっとしたしぐさで〝要る要らない〟の判断がつくようになるんですが、ごくたまにミスを犯すと、えらいことになる……」

●「キレる皆さん」は見た目は普通

事故の起きる様子はこんな感じだという。

レジ係「お釣りが〇〇円でございます、ありがとうございます！」

客「レシートっ!?」

レジ係「あ、失礼いたしました、申し訳ございません!!」

平謝りでお渡しすると、なんと客が目の前でそのレシートをひねり潰して放り投げ、声を荒らげたのだそうだ。

客「要る要らないは、おまえが決めるんじゃない！　判断するのは俺だあ!!」

「キレる客」は珍しくないらしい。

コンビニでは切手も扱っている。84円1枚だけだって大事なお客さまだから丁重に接客する。

「ここに、貼ってくれない?」と言われればスポンジで指を濡らしてお貼りする。キチンと貼ったから喜んでもらえると思ったら、激怒された!

「おい、ちょっと傾いてないか? ほら! こんなんじゃ大事な取引先に出せないんだよ。貼り直せ!! 俺は、そういういいかげんな態度が許せないんだよ!!!」

改めて断っておくが、「キレる皆さん」は見た目も普通。キチンとネクタイを締めた30代から40代のビジネスパーソン、なのだそうだ。

お金を払う場面に人柄が出る

でも、なぜこの人たちはレジで代金を支払うわずか十数秒の出来事に「チェッ」と舌打ちしたり、声を荒らげたりするのだろう。世代的な立場、職業的役割が特段にストレスフルなのか……?

この辺りは社会学者の論文が山のようにあるはずだから深追いしない。もちろん客の大半は「普通の人」なのだ。

とはいえ、1日ひとり平均200人ほどの接客をするというこのコンビニ店のレジ係たちの緊張感は想像するに余りある。「この中の何人かが突然……」と日々おびえるのだから、そりゃあストレスもたまることだろう。

経営者「レジをやっていて思うんですが、お金を払う場面には、人格が現れやすいのではないでしょうか？　昔から『金離れがいい』とか『使いっぷりが見事』とか『金にきれい』とか、人柄を表現するときにお金が登場しますよね。うちで働いているアルバイトにも、しっかり勉強する将来有望な子がいるんです。彼ら、彼女らはしっかり見ていますよ、レジでの振る舞いや人柄を。『将来ああいう人にはなりたくない』『ああいう人とは付き合いたくない』、そんなふうに話すのを聞くこともあります」

「どうせ、こんな、たかがコンビニ」などと思って〝本性〟を見せたら、数年後、コンビニでレジ係をしていた若い人が、大事な取引先にいた！　なんてことがないとも言い切れない。

思い当たるふしがあってドキッとした方はもちろん、自分は大丈夫と思う方も過信は禁物。**コンビニのレジ。数百円の支払いだって「要注意」**なのだ。

レジでの振る舞いもコミュニケーション！

2 「ブラタモリ」の冒頭トークに タモリ流「雑談の極意」

タモリ「今回は横浜に来てまーす」

いつも通り〝気負い度ゼロ〟な感じでNHKの「ブラタモリ」が始まった。山下公園、大さん橋。青空にぽっかり雲が浮かんでいる。
近江友里恵アナ「海も、穏やかですねえ」
タモリ「うん、今日は、穏やか。本当に珍しい」
近江アナ「珍しいですか？」
タモリ「やっぱりね、これ、近江ちゃんのおかげですよ……」
（スタッフ爆笑）
近江アナ「え？　そうですか？」
キョトンとする彼女にさらに声を大きくあげて笑う撮影スタッフの声を、マイクがきっちり拾っている。テレビ画面には、大雨の中、タモリさんが「前任者」とビニール傘をさし雨風に震えながら函館、奈良、鎌倉をロケするスチール映像が挿入された。

実際に「ロケ降雨率」が高かったのかは知らないが、前任者・桑子真帆さんのロケでは「なんだか、雨や嵐の日が多かった」という印象がなくもない。スタッフの間でも「桑子アナは雨女」という声があったりしたかもしれない。

タモリ「前のアナウンサー、（名前は）なんといったかなあ……」

近江アナ「桑子……先輩？」

（スタッフ爆笑）

ほんの短い、ごくさりげない会話。一瞬にして和んだ直後、番組は素早く本論に突入する。これこそが「雑談」の醍醐味だ。「雑談力」の本がベストセラーになるなど、雑談に悩む人は多い。名手・タモリさんにその極意を学んでみることにしよう。

タモリさんに学ぶ雑談の3つのポイント

雑談は、しばしば**「それを語る人の人柄や知性を反映する」**と言われるが、番組開始早々「その通り！」と感心したポイントは3つある。

ポイント① テンションを上げない

番組最初の発言がこれだ。

タモリ「今回は横浜に来てまーす」

気負いはまったく無し。まるでつぶやくようだ。ロケ現場ではディレクターが「5秒前、4、3、2……」――カメラ横で、しゃべり始めの合図をきっちり出していたことだろう。

私のような凡人は「どうぞ！」という合図に過剰に反応して「さあ皆さん、いよいよ、我々、ついに横浜にやってまいりました！」と、「普段より高めの調子」でしゃべり始めてしまいがちだ。こういう「くどい入り」は「うっとうしい！」と相手をイラッとさせる可能性がある。**雑談で気負っていいことは、ひとつもない。**

初対面の人との雑談で「いいところを見せたい」なんて悪あがきすればするほど、聞き手に「引かれる」危険性が高まるばかりだ。「普段より高めなテンションで盛り上げよう」と狙った段階で「日常のさりげなさ」は失われ、「聞き手と話し手」の距離が開いてしまう。

「軽さと違和感のなさ」が求められる雑談に「非日常的なトーン」は大敵だ。「うるさい」と思われたら、雑談は単なるノイズとなってしまう。

タモリさんが「隣にふと現れても普通に会話できそうな感じ」を醸し出しているのは、他の番組での「テンションを上げない話し始め」にも見ることができる。

「ブラタモリ」だけでなく、音楽番組「ミュージックステーション」も話し始めのテンションは高くない。「笑っていいとも！」のときだってそうだった。ゲストトークの話し始めの雑談は、意外と「ぼそぼそ」だった。

だいぶ以前、時々「タモリ倶楽部」に出していただいていた時期がある。「無駄にテキパキ、テンション高め、変に頑張る不出来なアナウンサー」だった若き日の私は、結果として、タモリさんの「落ち着いた自然なたたずまい」を際立たせることに貢献しただけだったと、今は懐かしく思い出せる。

「たわいもない雑談を、普段通りのテンションで、さらっと始める」。口で言うのは簡単だが、実際には難しい。「雑談で好印象をゲットしたい、クリーンヒットをかっとばしたい」なんていう〝雑念〟が仇《あだ》となり、滑りまくったなんてことがあるかもしれない（あ、私だ！）。

「緊張して、言葉があまり出てこない」ぐらいの人のほうがむしろ「好印象」を持た

れる確率が高そうだ。「気負わない」「テンションを高めない」――これが基本。

ポイント② タモリさんの雑談センテンスは「短い」

改めて冒頭のしゃべりを見てみよう。

タモリ「今回は横浜に来てまーす」

近江アナ「海も、穏やかですねえ」

タモリ「うん、今日は、穏やか。本当に珍しい」

近江アナ「珍しいですか？」

タモリ「やっぱりね、これ、近江ちゃんのおかげですよ……」

近江アナ「え？　そうですか？」

言葉だけ抜き出したら、まるで小津安二郎監督の名画「東京物語」における笠智衆、原節子の会話のようだ（少し言い過ぎか？）。短いやり取りだからこそ、言葉の裏にある互いの意図や感情を読み取ったり共感し合ったりできる。

「センテンスは短く」――これがポイント。

ポイント③　「雑談の構図」はシンプルが一番

しつこくて恐縮だが、番組冒頭シーンを再現しよう。

タモリ「うん、今日は、穏やか。本当に珍しい」
近江アナ「珍しいですか？」
タモリ「やっぱりね、これ、近江ちゃんのおかげですよ……」
（スタッフ爆笑）
近江アナ「え？　そうですか？」
タモリ「前のアナウンサー、（名前は）なんといったかなあ……」
近江アナ「桑子……先輩？」
（スタッフ爆笑）

私たちはタモリさんの、**たったこれだけの短い会話から、タモリさんを含む4者の構図を容易に把握**することができる。4者とは以下の4組をいう。

（1）近江アナ＝先輩から〝重いバトン〟を受け取り、ドキドキしながらもけなげに頑張る若き女子アナ……応援してあげたい

（2）桑子アナ＝しばしば雨風にたたられながらも、笑顔で乗り越えて無事卒業！

スタッフ受けも良かったんだろうなあ！

（3）スタッフ＝雨風いとわず熱心に仕事する人たち！　とはいえ、本音では、晴れて、あたたかな日の撮影がうれしいんだろうなあ。タモリさんの予言通り近江さんが〝晴れ女さん〟でありますように

そして、（4）タモリさん

その場に居合わせたわけでもなんでもないのに、勝手に想像を巡らせてしまう。話を聞く側（ここでは我々視聴者）が、話題の登場人物の立場や役割を即座に思い浮かべられるよう「雑談の構図」はシンプルが一番。すぐれた雑談とは、こういうものらしい。

近江アナから、その後、林田理沙アナ、浅野里香アナと相手役は変わっても、タモリさんの雑談の名手ぶりは健在だ。

たわいもない話を、普段通りのテンションで。

3 「やばい」で無用な争いを避ける

フジテレビ系の情報番組「ノンストップ!」であるとき、「やばい」という言葉で盛り上がっていた。

「やばい」の本来と違う使われ方と最近の使われ方についての議論は「最近の若い連中は」と年配者が嘆くときの「枕詞」となって久しい。

言うまでもないが、「やばい」はもともと闇社会で「危ない」を表す隠語で、後ろ向きの意味を帯びた「マイナス言葉」の代表選手。堅気の人や、ましてや女性が使うなどもってのほかとされてきた。

その「やばい」が「素晴らしい・おいしい」など、**前向きな評価を示す「プラス言葉」**として使われていることは文化庁の「国語に関する世論調査」でも繰り返し報告されている(2014年度調査では10代の9割以上、20代の8割弱、30代の半分以上がプラスの意味で使うと回答)。

メジャーリーガーのイチロー選手が第1回ワールド・ベースボール・クラシック（WBC）優勝の瞬間、歓喜の思いを「もう、やばいっすね」と表現し、違和感ではなく、強い共感を得たのは15年近く前の2006年のことだった。

「やばい」のプラス言葉化がほぼ定着した今、あえて「ノンストップ！」が取り上げたのは、「某中学校が生徒に『やばい禁止令』を出した」というネット記事が話題になった直後だったからだ。番組で議論は意外な展開を見せた。

出演者のひとりがこんな趣旨のコメントを述べた。

「『やばい』のような『マイナスにもプラスにも、どちらの意味でも使えるあいまい言葉』は、争いを避けるためにとても便利！」

その具体的な場面として「ママ友同士の井戸端会議」を挙げていた。

ぺちゃくちゃ適当に話しているように見えて、実は彼女たちはその場を円満に切り抜けるための気遣い・気配りの技を駆使しているという。もちろん、保育所の情報とか塾の評判などの「重要な中身」が語られることだってあるのだろうが、多くの場合、彼女たちにとってそれ以上に大事なのが「**角を立てずに気持ちよく情を通い合わせる会話術**」らしいのだ。

あいまいに受け止めるかわし方

「差し障りのない会話スキルの必要性」はママ友だけのものではなさそうだ。

居酒屋で「北朝鮮の脅威」だの「トランプ政権の是非」「我が国の進むべき道」などを巡って甲論乙駁《こうろんおつばく》で盛り上がっているのは大抵が「中高年おやじ」。若い世代は「そのシャツ買ったんだ」「あ、新しいワイヤレスイヤホン？」といった「差し障りのない話題」について「へえ、そうなんだ」「○○に載ってたよねえ」など、ごく軽めなやり取りのあと、会話も途切れ、互いがスマートフォンをいじり始めるなんて光景が珍しくない気がする。

互いに立ち入らないで表面的なつながりを維持できればそれでよい。なまじ深入りして、友人やご近所ともめたくない。そう考えるママたちにとって「やばい」というマイナスにもプラスにも使える言葉が便利な例を以下に記す。

ママ友A「うちの旦那、日曜も出勤なの」
ママ友B「ええ？　それじゃあ、ご主人も家族もかわいそうよねえ」

こんな風にわかりやすく同情するのはママ友の世界では「アウト」だ。なぜなら「日曜返上で仕事を任されるぐらい、うちの人は人望が厚く、仕事のできる優秀な人なの」と自慢したかったかもしれないからだ。同情ではなく、「賛辞」が求められる場面だったとすれば、この返し方ではママ友関係に亀裂が入る恐れありだ。

こういう「コミュニケーション事故」を起こさないために「やばい」が便利だというのだ。

ママ友A「うちの旦那、日曜も出勤なの」
ママ友B「やっばーい！」
※「かわいそう」と「すごい」という両方の解釈が可能な受け答え

「やっばーい」と言われた相手（ママ友A）は勝手に「プラスの意味（すごい）」だと解釈してくれるかもしれない。

ママ友A「ふふ、確かに頑張り屋さんで、それなりに成果出しているようなのよね、あんな顔して、へへへ（笑）」

逆に、夫の日曜の不在を嘆く気持ちに共感してもらいたい場合にも「やばい」でOKだ。

ママ友A「うちの旦那、日曜も出勤なの」
ママ友B「やっばーい！」
ママ友A「私はいいけど、子供がかわいそうで……」
ママ友B「そうなんだ……」

深入りを避けながら「薄い関係を円満につなげていく術」はママ友ネットワークに限らず、多くの日本人にとって役に立つスキルとも言える。

踏み込みすぎる国、淡泊すぎる国

「僕はそういう、相手の反応を気にしすぎる会話には違和感あるな」。こう言ったのは元韓国日報記者でミュージカルの翻訳などで活躍する、旧友、佐野良一さんだ。

佐野「韓国から見ると、日本人の人間関係は淡泊すぎ。向こうでは新しい土地への引っ越しのあいさつに行こうものなら、ご近所さんから立ち入られまくる。旦那の学歴、職歴、年収に至るまで、知りたいことは何でも尋ねてくる。聞かれた側も、親の友人に韓流スターの父親の知り合いがいるなんて、どうでもいいことまでぺらぺらしゃべる。これで一気に親しい関係を築き上げる」

梶原「濃いねぇ！」

佐野「濃いよ。あいまいは大嫌い。白黒はっきりさせたい。韓国人はスパイに向いていないって話、聞いたことある？」

梶原「？」

佐野「半ば冗談交じりのたとえ話だけどね。大事な機密を扱うスパイになるって、いわば重要な役目を担うってこと。そんな『名誉なこと』は、周囲の人にしゃべりたくてうずうずするのが韓国の人。ね？　スパイに向かないよね」

「やばい」が「マイナス」か「プラス」かを瞬時に判断したり、ときに「斟酌《しんしゃく》」「忖度《そんたく》」などの技も織り交ぜたり。常に空気を読んで配慮しつつ、希薄な対人関係の維持に汲々とする私たち日本人とは大違いだ。

佐野「でも、最近は来日する若者の中にも『そっと放っておいてくれない情熱の祖国』から『立ち入らない淡泊な日本』に来て、ホッとする連中も増えているらしい」

この先、「やばい」は「微妙な感情を表現する万能表現」として、国境を越えてさらなる成長を遂げるかもしれない。

無難な受け応えに重宝する「やばい」。

4 あえて「尋ねない」心遣い。質問攻めは"コミュ力"とは違う

若い読者に向けた本やネット記事でしばしば目にするものに、「相手に質問することでコミュニケーションをスムーズに」といったたぐいのものがある。たとえば、「相手の出身地を尋ねてみよう。故郷の話を問われて、悪い印象を持つ人はいない」「休日の過ごし方を入り口に、相手の趣味を聞けば、さらに相手が喜び、その後の会話も弾むこと間違いなし」

といった具合だ。なるほど、そうかもしれない。

だが、そう思う一方で、「問うリスク」、すなわち**「質問すること自体が、むしろ配慮を欠くことになる懸念」**にも触れておいたほうがよいと思う。

右の例で言えば、故郷での「失敗だらけの青春時代」や「仲たがいしたままの実家の家族」など、思い出したくもない人だっていなくはないだろう。休日の過ごし方や個人的な趣味など、「私」の領域には踏み込まれたくない人がいてもおかしくない。

話題の踏み込みすぎ、理由の掘り下げは要注意

むやみと質問を繰り出してくる相手にイラッとし、「不快だ」「付き合いたくない」と感じる人は、そう珍しい存在ではなさそうだ。

「あ、そのバッグ、カッコいいですねえ」。この程度の問いは「気遣い表現」ともいえそうだが、話し手が調子に乗って「どこで買ったんですか？　ブランドは何ですか？値段はいくらしました？」と矢継ぎ早に質問を繰り返せば、事情が変わってくる。

「あたりさわりのない質問で、初対面でのぎこちないコミュニケーションを回避できた」「コミュ力の優れた人だ」などと前向きにとらえてくれる人より、「居心地の悪い会話の場から抜け出したい」と感じる人のほうが多くなってしまいかねない。

上司が部下を気遣ったつもりの「頑張ってるか」の問いかけでさえ、一度や二度なら「ありがたい励まし」で済むかもしれないが、度を越すと、逆効果になる。「問いかけ」は部下の精神的苦痛を生み、結果として「パワハラ行為」と受け止められてしまう心配すらある。

気遣いを示すには、「質問することや問いかけることが有効だ」と勘違いするのは、危うさをはらむ。くどいぐらいに質問を重ねたり、個人の好みや思いにまで踏み込んだりすれば、かなりの確率でイラッとされる。

「連休は何をするの？　旅行とか？　えー！　どこにも行かないの？　どうして？」

「猫飼ってるの？　そうなんだ。でも、なんで犬じゃないの？」

場をなごませるつもりで発した質問が、会話を促進して、豊かなコミュニケーションを生み出すとは限らない。逆に、尋ねられた側の口と心を閉ざしてしまうこともある。どんな人にも「問わない気遣い」を求めたくなる場面があるものだ。

無用の「問い」を飲み込む思いやり

数年前の夏のことだ。当時飼っていた13歳のトイプードル・ルルが夏バテから体調を崩し、何度か危ない事態を迎えたが、深夜の救急病院や近所の動物病院のお世話で持ちこたえていた。しかし、「その日」は訪れた。

私は仕事先で打ち合わせをしていた。着信音を消したスマートフォンの振動を感じ、チラッと見たら妻だった。私に電話することなど滅多にない妻からだ。

「よほどのことがあったのだ。ひょっとして」――。周囲に詫びつつ席を外し、電話に出たら、彼女が絞り出すように言った。

妻「ルルちゃんが、死んじゃった……（泣）」

3時間ほどで帰宅すると、すでにルルは病院から自宅に戻り、居間に敷いた布団の上に、昼寝のような感じで横たわっていた。いつもと違うのは、白い花に囲まれていることぐらいだった。

妻はすでに落ち着きを取り戻しているように見えた。

妻「お昼前ごろ、体をガタガタ震わせ、苦しそうにしたから、慌ててルルを両手で抱っこして先生のところに駆けつけたの」

私「うん、うん」

妻「家を出て3分もしないところでルルちゃんが私の腕の中で『ガクン』と落ちる感じがあったわね」

私「んーん、そうかあ……」

妻「『先生のところまでもう少し、頑張ろうね！』。ルルに声をかけながら病院まであと少しのところで、毎朝散歩を一緒に楽しんだ『犬友《いぬとも》』で、顔見知りだった『○○ちゃんママ』の姿が見えて」（注：散歩仲間同士は互いを「犬の名前＋ちゃん＋ママ」と呼ぶ）

私「ああ、あの穏やかなおばさまだよね」

妻「そのときの私の形相を目の当たりにすれば、『どうしたんですか？　大丈夫ですか？』と問うほうが、むしろ普通だと思う。でもね、彼女は優しい目をして、いつも通り、『こんにちは』とだけ言って素早く病院のドアを開けてくれた。このさりげないやり取りが、あのとき、すごく、ありがたかった」

私は妻の気持ちが理解できた。

「どうしたの？　何があったの？　ルルちゃん大丈夫？」

もし、こんな感じで次々と問いを浴びせられ、その問いにいちいち答えていたら、目の前の悲しい現実がどんどん重みを増して、やがては受け止めきれなくなって、妻は冷静でいられなかったかもしれない。

過剰に取り乱さず、医師や看護師さんと話ができたのは、ママ友の気遣いのおかげだという妻は、その「問わない配慮」に今でも心から感謝している。

「問わない配慮」が大切なのは、ビジネスシーンでも同様だ。

たとえば、遠くの席で仲のいい同僚が上司から厳しく問い詰められている様子が見えた。同僚はうなだれて聞いているだけ。上司の叱責は執拗に続いている。こんな光景を目の当たりにしたら、なぜ同僚がそんな目にあっているのか。理由を知りたくなるものだ。

「どうした？　部長は何を怒ってたんだ？　あの態度は許せないよな！」

ようやく上司の説教から解放されたとたん、こんなふうに同僚を質問攻めにしたくなるだろう。しかし、**こうした問いかけは、自分の好奇心を満たすだけの行為であって、相手の心を楽にするわけではない。**

会社員人生、思わぬ波風が立つこともある。あくまでいつも通りの態度で接し、上司との一件を相手が話し始めたとき、穏やかにしっかりと傾聴するのが「問わない配慮」なのだ。

沈黙から生まれる豊かなコミュニケーションもある。

5 自分のしゃべりすぎにブレーキをかける裏ワザ

「サラリーマンの給料の4割は聞くことで得ている」――。10年近く前、某研究者の言葉として目にしたものだが、「スマホでメール」の現在でも「聞くことの大切さ」が減ったとは思えない。

「そりゃあ、そうですよ。入り口はメールのやり取りでも、最終的にはクライアントに直接会って意向を聞いて、それを上司に上げて指示を聞いて、社内でもんで反応を聞いて……とにかく実感としては、話すより聞くほうがずっと多い」。イベント会社で営業を担当する某社の課長が、これに続けて気の利いた格言を持ち出した。

「人間の舌が1枚なのに、耳がふたつあるのは、自分の話をするより相手の話を聞くことのほうが大事だからって、大昔から言うじゃないですか」――。「あんたの舌は時々、2枚になってるよ」と突っ込みを入れたくなる彼でさえ、ビジネスという修羅場を乗り越えるうちに**「人の話に誠実に耳を傾けることの大切さ」**は理解したようだ。

会ってみたかった人との会話はかえって危険

私も「人から話を聞くことを生業《なりわい》」にしているから、「聞くことの大切さ」はわかっているつもりだったが、いまだに「聞けなくて大失敗」なんてことがある。ベストセラー『最後の秘境　東京藝大』(新潮社)の著者、二宮敦人さんをラジオの生放送のゲストに招いたときのことだ。

二宮さんのこの本は、発売直後、知り合いの編集者から「梶原さんの好きそうな本を1冊送っておきました」と言われ読んでいた。あまりの面白さに身もだえした。「東京藝大とは何と魅惑的な異次元ワールドなのか!! ぜひこの方から話を直接、じっくり聞くぞ!」

実は、**こういう精神状態でのインタビューは非常に危険**なのだ。若いころ、しばしば痛い目にあっている。

先輩ディレクター「おまえが会いたいって言うからゲストに呼んでやったのに、おまえばっかり興奮してべらべらしゃべって、肝心なゲストから、まともな話がひとつも聞けてなかったじゃないか(怒)!」

「興味・関心が高い人」を前に「絶対に面白い対談で盛り上がるんだ！」と気張れば気張るほど会話は空回り。結果としてインタビューは大失敗。さすがに40年もこの仕事をやっていたから、まさかそんなことにはならないと思っていたら、**久方ぶりにやらかしてしまった**のだ。

相手のセリフを強奪して、自分との「ひとり対談」に

番組終了後、録音の冒頭部分を聞いて青ざめた。「いやあ、お会いしたかったあ！」という私のあいさつの勢いがすでに尋常ではなかった。ひるんだ二宮さんが言葉を発するのを制するように、私は『最後の秘境』の「解説」をとうとうと始めていた。作品について誰よりも知っている著者本人に向かってべらべらと、一方的にまくし立てている……異様だ。

梶原「東京藝大には絵画、建築などの学科がある美校とピアノ・バイオリン・声楽などが集う音校があるが、どっちの所属かは、一目見ればわかるんですってね」

二宮「はい、そうなんです、区別は、えー」

（説明をさえぎるように梶原、カットイン）

梶原「美校は男女を問わず、ガテン系労働者集団。音校はおしゃれなスーツにバイオリンケースを提げたお嬢さま風が高級外車から降り立ってきて、というように対照的なんですって？」

二宮「ええ、もうその通りで、私も実際見てビックリしました」

梶原「藝大の生協には防毒マスクまで売られているんですよね？」

二宮「普通、信じられませんでしょ？　それが」

（梶原、話を聞かず、カットイン）

梶原「卒業生の半分が行方不明なのは当たり前。逆に、卒業してキッチリ企業に就職する人は落伍者と言われるんですよね？」

二宮「え？　ええ、はい（笑）」

二宮さんの笑顔は、私が作品を深く理解し、賞賛していることへの「良い反応」だと大勘違い。録音を聞けば完全に「戸惑いの苦笑」だったのだ。

私の「悪のり」を上手にかいくぐりながら、実は二宮さん、取材エピソードをいくつも披露してくれていた。

「藝大生はまだ20歳前後の若さなのに、努力に見合った対価を得られない人生を送ることへの覚悟をキッチリ持っている。僕なんか、彼らに比べれば実にちゃらちゃら生きている」

「取材対象者を紹介してくれた妻（家賃6万円のアパートで同居する現役藝大美校生）はお金を使わず、必要な物は、スプーンも机もいすも自分で作っちゃう。無人島に行くなら妻を連れて行きたい」

こういう**「いい話」「広がりそうな話題」**も**「自分が話すことに夢中なアホ」はスラッと聞き流した「残念な実態」**を録音で聞き、頭を抱えた。このときの私のような姿勢で話をしたら、社内打ち合わせであれ、商談であれ、合コンであれ、周りはイラッとし、腹を立て、しまいには誰からも相手にされなくなるだろう。

調べたことはすべて話したくなるけれど……

私ほどひどくなくとも「下調べした成果はすべて話さないと気が済まない」「自分の豊富な話題、軽妙な話術で大事な人をうならせたい」なんて「下心」から「懸命に話しがち」な人はどうすればいいのか？

私がその答えをここに書いても、はなはだ説得力に欠けるが、先輩たちはこう教えてくれていた。

「大事な会話のときは相手に気づかれないように**そっと自分の唇に指を当ててみる**とよい。動きすぎだ、と思ったら、話すのをいったんやめることだ。唇が止まれば、耳が動き始める」

「『口数を減らせば、耳に入ることが多くなる』。このロシアのことわざを座右の銘としておきなさい」

唇が止まれば、耳が動き始める。

6 初対面で効く会話術。相手を見ない「犬の散歩式」がいい

リモートワークで在宅時間が増え、ご近所付き合いが生まれた人も多いだろう。しかし、中高年の男性、中でも組織を離れた男性はプライベートでの会話に苦手意識を持ちがちだ。そこでお勧めしたいのが、おばさま方に学ぶ「犬の散歩式」だ。

私が犬と散歩に出掛ける緑道は、朝から夕方遅くまで、犬の散歩をする人が途絶えることがほぼない。朝早くには仕事前に、日が落ちてからは仕事後に愛犬を連れ出すマッチョなビジネスパーソン風が目立ち、午前中から昼間にかけては「定年世代のおじさま」が、午後から夕方にかけては「主婦風のおばさま」が多くなるという印象だ。

私は定年世代に属するが、散歩の時間を定めず、テキトーに出掛けているので、マッチョさん、定年世代男性、おばさまそれぞれの「散歩の流儀」を目の当たりにすることができる。散歩中、うちの犬（黒いトイプードル、名前はレオ）は人なつこい性格だから、どなたのどんな犬にもうれしそうにしっぽを振りながら「満面の笑み」

でにじり寄ろうとする。**これに対する反応が三者三様で興味深い。**

マッチョさんの多くがワイヤレスイヤホンを耳に突っ込み、何かを聞きながら早足に通り過ぎていく。レオの付け入る隙はまるでない。マッチョさんもワンちゃんも忙しいのだろう。

笑顔で始まる「飼い主トーク」

「定年世代のおじさま」は皆さん、なぜか不機嫌そうな顔をしている。のんびり愛犬と過ごせるハッピーリタイアメントを楽しむ空気感はゼロだ。そういう気配を読めないレオが「仲良くしましょう、ワンワンワン」と近づこうとした瞬間、飼い主さんの何割かはリードをグイッと強く引き寄せて「らっ!」と声を荒らげる。

レオのなれなれしさに怒っているのか、誘いに乗りかけた自らの愛犬をたしなめているのかはわからないが、とにかく「おじさまの不愉快度」はさらに急上昇。とても「いい天気ですねえ」などと言っている場合ではなく、「すいません」「ごめんなさい」と謝るしかない。犬を介した、男同士のコミュニケーションは思った以上に難しい。

その点でおばさま方はまるで違う。おばさまのデフォルト(標準の状態)は笑顔なのだ。良好なコミュニケーションは、何より笑顔から始まる。

おしゃべりを拒む男性の心理

そんなおばさまが連れている犬もフレンドリーだ。レオとは長年の友人のように、じゃれ合い、ニオイをかぎ合ったりしている。おばさま方はその様子を目を細めて楽しんでいる。リードをグイッと引き寄せて「らっ！」と声を荒らげる定年世代男性とは、ほぼ正反対。他人の犬にまるで無関心で、修行僧のような顔をして通り過ぎるマッチョさんとも好対照だ。

おばさま方からは**「他者を受け入れよう」「喜びを分かち合おう」という善意**がほとばしる。「わあ、かわいい！」「おいくつですか？」「男の子さん？」「お名前は？」。こういった互いの関係を近づけるキーワードから「犬友」が増えるのは、大変うれしいことと私は感じる。

「笑顔」＋「軽い問いかけ」こそが円滑なコミュニケーションの始まりにふさわしい。一方で、こういうやり取りを「わずらわしい」「プライバシーに土足で踏み込んでほしくない」と感じる人だっている。

「知らない人との無駄話は避けたい」

「会社や取引先など利益につながる人ならまだしも、近所の見ず知らずの人にまで気を遣うなんて、何のメリットがあるのか？」

マッチョさんや定年世代男性がそう考えるのもおかしいことではない。

彼らのビジネスコミュニケーションの始まりには名刺交換という儀式が必要だった。学校を卒業して以来、**名刺交換を伴わない人間関係には不慣れ**だとも思われる。

逆に、名刺も交換せず、事前に相手のことを知らず、とりあえず「近所の人らしい」ぐらいで雑談を成立させるおばさま方のコミュニケーション力は賞賛に値する。

あるおばさま「いえいえ、散歩で知り合ったワンちゃんのことだとはいえ、飼い主さんに、ワンちゃんの名前、年齢、性別など、プライバシーを問いただすことについて抵抗をお感じになる人だっていらっしゃると思いますよ。そういう方への気遣いとして、飼い主さんへの問いかけを、ワンちゃんへの問いかけにする人もいますね」
梶原「え？　なんですか、それ？」

飼い主への問いかけを、その人が飼っている犬に向けた問いにするって、なんだ？

飼い主に語りかけない「間接話法」

おばさま「全然難しいことじゃないんです。『お宅の○○ちゃん、おいくつですか?』と飼い主に直接尋ねる代わりに、実際に問いには答えられない犬に向かって、『○○ちゃん、お歳はいくつかな?』と間接的に聞いたりするのって、聞いたことありませんか? もちろん実際に答えるのは飼い主さんですが」
梶原「ああ、ありますね。『お散歩はいつもこの時間ですか?』と、私に尋ねる言い方ではなく、『ねえレオちゃん。レオちゃんはいつもこのお時間にお散歩かなあ?』と、ごく自然にレオに聞いている人、います、います。確かに、飼い主に質問するより、犬に聞く『間接話法』のほうが、ふわふわっとして、なんだかすんなり来ますねえ」
おばさま「いらっしゃいますでしょ?」
梶原「『お宅、犬のシャンプーはどこでやってもらっているんですか?』ではなく、『レオ君、そのヘアスタイル、決まってるわねえ。どこでやってもらったのかなあ?』みたいな」
おばさま「ええ、『○○先生のところで検診受けるのと一緒にカットしてもらったんだよねえ、レオ』と、まるでワンちゃんと話すみたいな会話でしょ?」
梶原「よく考えられているなあ」
おばさま「実際、そんなふうに作戦を練って、みたいな人はあまりいらっしゃらないはずです。女性はおしゃべり好きですし、近所を大事に暮らしていますから、自然とそういう言い方が出てきたんだと思います」

人にではなく、なんと、犬に話しかけることで、相手の領域に踏み込みすぎない会話が成立する。いわば「**散歩会話体**」とも言えるもので感銘を受けた。
軽い問いかけ、ふわふわっとした「間接話法」、いずれもポイントとなるのが笑顔だ。笑顔については、次節で詳しく説明しよう。

名刺交換の代わりに「笑顔+軽い問いかけ」。

7 笑顔を生む「筋トレ」のすすめ

書店に並んでいる、人付き合いのマニュアル本には、初対面の相手と打ち解けるテクニックがいくつも紹介されている。お客さまを自社にお迎えする場合なら、たとえば、こんな具合だ。

〈迎え受ける側は「○○さま・○○さん・名前＋役職名」などふさわしいと思われる呼称を用いる。添える言葉はシンプルに「お待ちしておりました、お忙しい中（お呼び立てして・お越しいただき）ありがとうございます」程度で。受付での来客カード配布などを素早く済ませ、商談のできる部屋・エリアまでご案内する。

さらに、以前対面したことを思い出せるのだったら「先日はあいにくの雨でしたが、今日はからっとしてホッとしました」といった言葉で「親しみ」の感情を交換するのもよい〉

このように多くのアドバイスは言語表現が中心になっている。確かに言葉遣いは大事だ。物言いで雰囲気をよくするテクニックもいくらかの効果が見込めるだろう。

笑顔は最大の非言語表現

でも、近年は**「非言語コミュニケーション」の価値**が広く知られるようになってきた。言葉を用いない、表情や身振り、しぐさなど、さまざまな要素にまで関心が広がり、来客者の緊張を解き、親しみや感じのよさをさりげなく表現することの大切さが注目されている。

リアルな対面コミュニケーションにおいては、歩き方、立ち姿、姿勢、身振り手振りなど、多種多様な「非言語表現」があるが、もっとも重要なのは「顔の表情」だ。さらに、昨今、流行のリモート会議では、全身を写さないのが普通なので、必然的に「顔の表情」がその人の印象を決定づけるといっても過言ではない。

そして、親しみを表現する最大の非言語表現は……そう、笑顔だ！

「怖い顔」より「ニッコリほほえんだ笑顔」のほうが人と人の関係をよくすることを、我々は体験で知っている。

うちの飼い犬でさえ散歩中、私の顔から笑顔が消えて、心配そうな表情を見せたりすると、不安気に私の目をのぞき込んだり、ジャンプして飛びつこうとする。

「大丈夫か？」と飼い主に問いかける行為だと、私は解釈している。

そのたびに、犬を心配させないためにも「笑顔」を心がけねばと自分に言い聞かせるのだ。

しかし、今でこそ、こうして笑顔の効用を伝えている私だが、**「笑顔」が悩みのタネだった時代**がある。

「笑って笑って！」に悩まされた過去

そもそも私が入社したのはラジオ局。テレビと違って「顔が見えない」メディアだ。

ここから少し昔語りをお許しいただきたい。

ラジオ局に入社後、半年ほどの訓練を経て、最初に任された仕事は泊まり勤務。深夜や明け方のニュースや天気予報を半畳ほどの狭いスタジオで読み上げることだった。最初はガチガチに緊張していたが、少し経つと、ニュースの合間に生で放送されている深夜放送のスタジオをのぞきに行く余裕もできた。

そこで衝撃の体験をすることになる。

当時「深夜放送の女神」と呼ばれ全国的なアイドルだった局の大先輩、レモンちゃんこと落合恵子さんが小さなスタジオでたったひとり、1本のマイクに向かい、優しく話しかけたり、爆笑したり、時には涙ぐんだりするのを目の当たりにしたのだ。

声ひとつで、瞬時に自分の世界をつくり上げ、リスナーに「思い思いの映像」をコトバひとつで伝える——その姿に圧倒された。

以来「声だけで『映像』をつくり上げるラジオ」の魅力にとりつかれ、見よう見まねで約20年。すっかり「ラジオの世界」になじんでいたのだが、40代前半で思いがけないお誘いをいただく。

「梶原さん、テレビに出ませんか?」

ラジオとテレビの違いは〝顔が見えないか、見えるか〟程度だと思っていた私は、「テレビはラジオの延長線上だろうからやってみよう!」とそのお誘いをひょいと受けた。

しかし、これがとんだ愚か者だったのだ。

どのテレビ局のどの番組へ行っても言われることはひとつ。

「笑って、笑って！　もっと笑って！」

深刻な素材を並べる報道番組を別にすれば、テレビのワイドショーやバラエティーでは、超大物やよほどキャラが立っている人を除き、一般出演者の基本的態度は「笑顔」。しかも「とびっきりの笑顔」だ。一般出演者の地位さえ微妙な私に「笑わない」という選択肢はなかった。

しかし、この笑顔がむずかしい。ぎこちなかったり、やり過ぎてウソくさいものになったり、「笑顔」が私を悩ませる存在になったのだ。

そういえば、超大物司会者の上岡龍太郎さんがMCを務める新番組にご一緒させていただくことがあった。

新番組には「番宣（番組宣伝）」と呼ばれるプロモーション活動が欠かせない。短いCM風映像を撮ったり、ポスターをつくったり。上岡さん、アシスタントさん、なぜか私の3人が横に並んでポスターに使うスチール写真を撮ったあの日のことは何度思い出しても笑いがこみ上げる。

局専属の若いカメラマンが番組用衣装で身を包んだ我々3人の前に現れ、それぞれの立ち位置を指示したところまではよかった。

「じゃ、レンズのここ見て、笑ってくださーい！」

ここで上岡さんが切れた。

「面白くもないのになんで、笑わなあかんの!? 君、おもろいこと言うてみろ」

だしぬけに、思わぬことを言われ、大慌てなカメラマンの姿に私たち3人は思わず吹き出し大笑い。その瞬間をすかさず撮った、若きカメラマンも偉いと言えば偉かった。

効果がすぐに実感できる「笑顔筋トレ」

繰り返すが、対面であろうと、リモートであろうと、これから会話をスタートさせようというときの基本的表情は「笑顔」に限る。

「アッコにおまかせ」や「バイキング」でもお馴染み、峰竜太さんはいつまで経っても若々しい。

その秘密は**「笑顔のちから」**だと感じる。

峰竜太さんとは、テレビの昼の帯番組をご一緒していたことがある。

峰さんと仕事をしていた当時、私が疑問に思ったのは「どうしてこんないい笑顔で笑えるのだろうか、ということだった。

峰さんは、結構シビアな疑問やコメントを口にする人だ。それなのに「**キツい人**」**と思われないのは「笑顔」という「浄化槽」を持っている**からだと感じる。

あるとき、いつまで経っても笑いがぎこちない、笑いが苦手な私は、峰竜太さんに直接「笑顔の秘訣」について話を聞いてみた。

ちなみに「笑顔」は何も芸能人に大事だというわけでなく、ビジネスパーソンが商談に臨む上でも必須なスキルだろう。「自然な笑顔は信頼の証し」はいささかも古びていないのだ。

こんな大事な技なのに世間ではいまだに「面白かったときの体験を思い出せば自然に笑える」「『ハハハハっ』と声をあげれば笑顔はあとからついてくる」など実際の効果に疑問が残る助言もある。それに比べると「峰流」は「使える」気がする。

峰さんのアドバイスは実にシンプルだった。

「笑いは筋トレ！」

テレビでお馴染みとなる以前の峰さんは、モデルとして活躍していた時期がある。「会話」を使えない、モデルの命は表情だ。気持ちを入れる以上に、表情筋を鍛えることの重要性を教えてくれた。

「さあ、笑え！」と自分の脳に命令しても、実際に笑顔を生み出すのは、目、鼻、口、眉など顔のそれぞれのパーツを動かす筋肉、すなわち、表情筋だ。

脳からの命令が発せられ、実働部隊にあたる表情筋がスムーズに動いてこそ「自然な笑顔」が生み出される。そうした信念のもと、峰さんはエクササイズを欠かさないと語っていた。

表情筋のどのパーツをどのように動かせば効果的なのかの詳細は忘れたが、**笑顔をつくったときに緊張する場所をつまんでぐるぐるする習慣**はいまだに続いている。表情筋に注意を寄せるだけでも、効いているような気がする。

要は「慣れ」の問題だ。普段から動かし慣れていれば、表情筋が脳の命令にも素直に従ってくれる。リモートワークの普及で、孤独な作業が増えて「笑顔不足」になっている人がいるかもしれない。そんなときは、その場ですぐできる「笑顔筋トレ」を始めてみてはどうだろうか。

なお、蛇足ではあるが、大事なのは「場面や発言者の心境にさりげなくシンクロさせた表情」。これが、好感を持って受け止められる。

リアルな会話はもちろん、リモートにおいても、相手が喜んでいるときのあなたの「暗い沈み込んだ表情」、相手が困ったり、辛かったりする場面でのあなたの「とびっきりの笑顔」は違和感をもって受け止められるというわけだ。

「笑顔は特効薬」といっても、「万能薬」ではないから、使うシーンにはご注意を。

表情筋は慣れが一番。

大坂なおみ選手が見せたキュートな聡明さ

2019年1月26日、オーストラリア・メルボルンで行われたテニス全豪オープン女子シングルス決勝で大坂なおみ選手は日本人選手として初めて優勝。その後の記者会見の様子でも世界を魅了した。

日本のテレビに出てくる大坂なおみ選手のインタビューだけを見ていた私は「恥ずかしがり屋で、言葉が覚束なくて、ちょっと抜けた感じが愛嬌があって、カワイイ」女性だと思っていた。しかし、ユーチューブに上がっている、決勝への進出を決めたとき、そして優勝を決めた直後の、世界に向けた「現地での記者会見」で見せた彼女の話しぶりはまるで違っていた。

記者が質問する間は、視線を決して外すことなく完璧に傾聴し、質問が終わった瞬間、クイック・レスポンスでズバリ答える。「シャイなカワイ子ちゃん」ではなく、「クールなスーパーウーマン（古い?・）」だ!

わずかな例外は、英語を解さない数人の日本人記者が放つ質問への回答の際だった。彼らが放つ、「今日のゲームの1、え〜と、○○が××して△△だった場面でサーブが……」「でもってレシーブが……」「ていうかそのう……（〜みたいな）」という要領を得ない「勝手な場面の振り返り」をしたあとの、「〜のときって、ストレスを感じたりするのか?」「そしてそれをどう克服したのか?」のような質問には明らかに戸惑っていた。

しかも、日本人の悪い癖で、答えようとするその直前に「あと〜、大坂選手にとってテニスとは何ですか?」的な、余計なひと言をプラスしてしまう。「せっかくのチャンス、なるべく多く聞かないと損」との気持ちがわからないでもないが、「あと〜」「それからぁ〜」「そしてぇ〜」と「二本立て質問」をやらかすせいで、そこまで理路整然と答えていた大坂選手を混乱させるシーンが何度かあった。

大坂「え〜と、最初の質問、何でしたっけ?（もちろん英語で）」

それを除けば、大坂選手の「スピーディーで的確な反応」は実に素晴らしい!「切り返し」も見事だ。ベテランっぽい記者（英語ネイティブ）がこんなふうに尋ねた。

記者「なおみ、君のゲームはドラマなしでは終わらない。今日の第2セット、第3セット、そしてセリーナ(・ウィリアムズ選手との2018年全米オープンでの決勝とブーイングの中での表彰式)のときもそうだった。ドラマについて君はどう思うの?」「人生のドラマ」だとか「ロマンだ」とか「奇跡だ」とか、安っぽい紋切り型で具体性を欠くクエスチョンは、聞かれた側を苛立たせると知らない記者が外国にもいるらしい。「エモーショナルな反応」を期待した「おやじ記者」への大坂選手の即答は実に小気味よかった。

大坂「私は、これをドラマとは思わない! 事実だ(的なことから、その場面の事実と心理を簡潔に、淡々と語るなおみ……)」

その質問へのネット上での視聴者コメントも大いに盛り上がった。

「ドラマだって? このレポーターは何を言っているんだ!」「なおみはアホな質問をする記者よりずっと賢明で謙虚だ。彼女が好きだ!」等々。

記者会見とは、答える側より、質問する側の「アホさ加減」を楽しむものである。

第2章

好かれる人は相手のズレを笑顔で認める

話し方のひと工夫

1 「大丈夫」は本当に万能語？ 誤解や不快にご用心

最近ちょっと元気のない部下を気遣って、職場の上司である部長が行きつけの焼き肉店に連れて行った。下町の庶民的な店だが、それなりに評判もよく、その日はぎりぎり予約が間に合った。仕事の話はせずにひたすらビールと焼き肉をふたりで堪能した。駅までの帰り道、部長は彼に尋ねた。「どうだった、あそこの肉は」。部長は部下のひと言にあぜんとした。

部下「あっ、大丈夫です」

こんなふうに近年、**「大丈夫です」が「本来と違った意味」で使われている**という話を、私の日本語の師匠である、ＮＨＫ放送文化研究所主任研究員の塩《しお》田《だ》雄大《たけひろ》さんがラジオで話しているのを「わかる、わかる！」と何度も相づちを打ちながら聞いた。

「大丈夫」とは、たとえば『広辞苑』では「強い地震にも大丈夫な建物」など「しっかりしているさま、ごく堅固なさま」という具合に「丈夫で強い」と出ている。『三省堂国語辞典』では「頭のけがは大丈夫ですか」のように、病気やけが、損害などが深刻でないようす。または「天気は大丈夫かな」など不安や心配がないようす、とある。

つまり、国語辞典によれば、「大丈夫」とは、「強く、しっかりしていて、確信が持てる状態」、さらに自説を加えれば「安心」をも保証する「危険のない状態」との認識だった。

焼き肉をごちそうした上司から感想を聞かれた部下の答えは「大丈夫です」というものだった。「とってもおいしかった」を期待していたのに「今のところ、食あたりの危険は避けられて安心しました」と言われたようで「ガックリした」と、上司は落ち込んだりしなかったか？　部下はややこしいことを言わないで、素直に「ヤバいくらいにうまかったっす！」となぜ言わないのかと、この上司に同情した。

「大丈夫＝不必要」の使い方は定着

ところが、私もその上司もどうやら時代遅れのとんちんかんだったらしいのだ。この20年来、すでに「大丈夫」を従来とは違った意味で使う人が急増していたようだ。

塩田さんは２００２年とその12年後の２０１４年の二度にわたって「大丈夫」の「本来とは異なる意味での使用法」についてアンケート調査を行っていた。

驚くことが２点ある。細かい数字は省くが、ひとつは今から20年近く前の２００２年に、飲食店の従業員が客に「水のおかわりはいかがですか」と言うべきところを「水のおかわりは大丈夫ですか」と声がけするのがすでにある程度進んでいたという事実だ（よく耳にする一方で、７割ほどの人がその言い方はおかしいと回答）。

もうひとつは、その12年後の２０１４年の調査では「大丈夫のその使い方」は「おかしい」という人の割合が６割程度まで減り、「おかしいけれど使う」「おかしいと思わないし使う」という「使う」派が、４割程度に増えたことだ。

すなわちこのままでいけば、世の中の半分以上の人が**「水のおかわり、大丈夫ですか」を使うことに違和感を抱かない時代も近い**かもしれないということである。

こういう世の中の実態を受けて、国語辞書も（俗）との断りを入れながらも「大丈夫」の用法拡大を受け入れつつある。「お皿をお下げしても大丈夫ですか？」という問いかけに「よろしい」「結構」と応じるパターンに加え、「レジ袋は大丈夫ですか（必要ですか）？」「大丈夫です（いりません、不要です）」というやり取りも載せて、「必要」「不必要」などを表す言葉としても「大丈夫」を認めるようになった。

バリエーションや使用範囲はさらに拡大を続けていて、味のおいしい、まずいまでカバーしつつあるようだ。

肉をおごった部下に感想を聞き「大丈夫です」と言われショックを受けた上司や、こだわりの強い喫茶店店主から「ウチのコーヒー、大丈夫でしたか？」と聞かれるたび、「店のコーヒー豆で病人でも出したのか？」と不安に駆られる私は単なる「時代遅れ」と言われても仕方のない時代が、とっくの昔に始まっていたらしい。

ドラッグストア店員「レシートのほうは大丈夫だったでしょうか？」

客「大丈夫です」

「そんなもんいらない！」と邪険に拒むのではなく、柔らかく上品に「大丈夫です」と答え、穏やかにやんわり「申し訳ないけどいらないってことで、お許しください」と「不要」を伝えているということになる。

ソフトな断り方にも使える「大丈夫」

スーパー店員「レジ袋は大丈夫ですか？」
客「はい、大丈夫です」

このように店員は「不要ですか？」といきなり「不要」を前提として客に尋ねる場合さえある。これは何も意地悪だとか、ケチだというのでなく、地球温暖化対策の一環で、レジ袋使用を控えようと試みる店ではエコバッグ持参の客が多いからだ。そういうお客さまの善意を先取りした優れた「大丈夫＝不要」という尋ね方なのだ。

客側は「きっとあなたは地球に優しい人ですよね」という確認を求められた格好になる。「はい、大丈夫です」という返事は「もちろん、エコバッグ持参です」というメッセージとなり、善意を店側から認めてもらえた客も悪い気はしないのかもしれない。

洗髪中の美容師「どこか気になるところとか、ありますか？」
客「大丈夫です」

洗髪は主に若いスタッフが担当する。彼・彼女たちは日ごろから「お客さまとしっかりコミュニケーションをとりなさい。そのためにはいろいろ質問することね」などと教え込まれている可能性がある。

「どこか気になるところは？」と問いかけたスタッフが期待する答えは「ええ、大丈夫です（何も問題はありません）」。だから、客が次のように本気で問いに答えたら当惑するに違いない。「そういえば、最近生え際が薄くなった気がして。何か妙案でもある？」。とはいえ、「お客さまには質問をしなさい」と教え込まれているスタッフはめげずに問いかけを続けるしかない。「食事はどうされているんですか？　運動は？　仕事は？」。こんなふうに思わぬことまで尋ねられてしまうことが心配な客にとっては、「大丈夫です（関わらないでください）」が一番の答えかもしれない。**「大丈夫です」は「柔らかな拒否」**でもあるのだから。

保険勧誘員「お入りいただいていた入院保険はいかがでした？」
客「ああ、大丈夫でした」

この答えを見ると、実際に薦められて加入した入院保険は役に立ってありがたかったのだろう。その満足げな声に勇気づけられた保険会社の女性が話を続けた。

保険勧誘員「この際、奥さまの分もいかがですか？」
客「それは大丈夫です」

夫は保険が自身の役に立ったありがたさを示す一方で、妻の新規加入は今のところ考えていないという相反するメッセージを、ひとつの言葉で上手に伝えていた。**イエスもノーも、必要も不要も、うまいもまずいも何でも表現**できる万能言葉「大丈夫です」。ただ、ビジネスシーンで使う場合は日常よりも丁寧な扱いが必要だろう。たとえば仕事の進行状況を上司から尋ねられて「大丈夫です」と応じたら、上司は「ほとんど出来上がりつつあるんだな」と思うかもしれない。でも、実際の仕上がりがまだ半分程度だったら、あとになって「まだ終わらないのか、さっきは大丈夫と言ったくせに」と上司が不満を抱く恐れがある。受け取り方がさまざまな「大丈夫」という言葉に託してしまわないで、もっと具体的に「**あと3時間かかります**」とか、

「今、半分ぐらいの進捗です」といった表現を選ぶほうが誤解が生じにくい。

「ノーサンキュー」の意思表示をしたいケースでは、さらに言葉選びを慎重にしたい。

先方が気配りして提案してくれたのに、「大丈夫です」で答えてしまうと、気分を害しかねない。こちらが客の立場であれば、素っ気ない態度でも済むだろうが、上司や取引先が相手ではそうはいかない。

「君の案で構わないが、保険を掛ける意味でもう一案加えてはどうか」と上司から言われて「大丈夫です」と応じると、「その追加案は余計です。文句をつけないでください」のニュアンスが感じられ、つっけんどんな印象を与えやすい。「じゃあ、好きにしたまえ」と、上司がへそを曲げる心配だってある。

意味合いのゆるい日常会話の言葉遣いをそのまま職場に持ち込むと、本来の意図とは違って受け取られかねない上、物言い自体が軽々しく見えがちだ。

用法が広がりつつある「大丈夫」だが、**仕事言葉としてはそんなに大丈夫ではない**かもしれない。

ビジネスシーンでは具体的な言葉を選ぶ。

2 コメントで「思い」を連発。万能言葉が意味をぼやかす

かつて某テレビ局が新作ドラマの完成発表記者会見を開いた際、記者からの質問に、テレビ業界では珍しい、まじめで律儀そうな担当者がこんなふうに答えていたのを思い出す。

担当「我々、作り手の思いがぎっしり詰まった作品になったと思います。その思いが視聴者の思いへと届き、より多くの方々の思いにつながればいいなあというのが、今一番の思いです」

かなり前の話だから、実際ここまで「思い」を連発したのかどうかは怪しいが、「『思い』って、ずいぶん使い勝手のいい言葉なんだなあ」と、今さらのように感心したのを思い出す。選挙の年ともなれば、そこらじゅうで「思い」という言葉が飛び交う。「地元の思い」「改革の思い」「安心安全への思い」「日々の暮らしへの思い」——。**「その『思い』って、具体的には何のこと？」**と、候補者それぞれに直接聞いてみたいと

思うばかりだ。

「思い」の辞書定義はあまりにも幅広い

罪滅ぼしになればと、「思い」を辞書でチラッと見てみた。『広辞苑』は「その対象について心を働かせること」と、気持ちがいいほどザックリとした単純明快な説明だ。「もの、ことに対して心が動けば、それが思いだ」ということだろうか。実際に多くの辞書が「思い」の言い換え例として、**ポジティブからネガティブまでほぼすべての「心の動き」に関する言葉**をあてている。

「考え」「志」「願い」「望み」「期待」「欲望」「ねらい」「予想」「経験」「不安」「執念」「恨み」「嘆き」。どれもこれも「万能言葉」としての「思い」で代替OK?

「思い」がほぼすべての心の動きを言い表せる「万能言葉」だというなら、わざわざ「志」や「願望」など、別の表現の選択に手間取って「えーと」と口ごもることもない。テンポのいい会話にはメリット大だ。しかし、それで構わないのか。

英語にもある「万能言葉」

友人が通う通訳学校（英語）では「とっさに適切な表現が思い出せないときの、非常時テクニック（裏技）」としての「英語版、万能言葉」を教えてくれるそうだ。

「昨日インターネットをしました」

「彼は大きな家に住んでいます」

「ごちそうさまでした」

一見、何の関係もなさそうだが、どれも「楽しさ」にからんでいるとわかれば、「enjoy」のひと言で対処できるというのだ。

I enjoyed the internet yesterday.

He enjoys a big house.

I enjoyed the meal very much.

「映画に行った、サーフィンした、デートした、10連休を過ごした」も「enjoy」でＯＫとなる。「あー」「うー」と言葉に詰まって会話が続かない状況を避けられそうだ。

「改良する」という意味でおなじみの動詞「improve」も事態が良い方向に動いた状

況を表す「万能言葉」として役に立つという。

「大統領は国を発展させた」
The president has improved the country.

「医者のおかげで彼の容態はよくなった」
The doctor has improved his condition.

売り上げも関係性も英語力も「よくなる」とくれば、迷わず「improve」というわけだ。

便利な表現は使いすぎに注意

彼の先生はこう言うそうだ。「外国語（英語）で、私たち non-native が話そうとすると、適切な単語が思い出せず、一瞬、ウッと詰まることがある。そんなときは、いろんな状況、場面を、ひとつの言い回しで表せる『万能言葉』を知っておくと役に立っ」

先生はさらに言う。「万能だからといって、決しておかしな表現ではない。実際にネイティブスピーカーも使う。だから、自然に口をついて出るまで練習すること」

でも、むやみに甘やかすわけではない。先生は必ず、こう、釘をさすのだそうだ。「万能言葉だけで済ます『手抜き学習』では英語は上達しない。当然ながら、場面、状況にもっともふさわしい単語、表現の蓄積を最優先に」

「万能言葉」として便利な（便利すぎる）「思い」を使用する際、思い出したい話だ。

さて、本題に戻ろう。

報道の現場でも多用される「思い」

先述の塩田雄大さんが『放送研究と調査　2019年2月号』の誌面で、仙台市で行われた「放送用語委員会（放送現場で使われた、ことばについて、識者が意見を述べ合う場）」の様子を伝えている。そこでは放送現場でしばしば耳にする「思い」について話し合われた様子が記されていた。

・取材記者レポートのコメント1

「震災後、苦労して営業を続けて、地元に戻ってくる人たちがいます。その『思い』を聞きました」

・取材記者レポートのコメント2

「かつてにぎやかだった、漁港の風景を、歌に残したいという方です。それぞれの『思い』を聞きました」

・取材記者レポートのコメント3

「検査で、がんが発見され、手術を受けた子供もいます。その『思い』、そして検査の今後のあり方について～」

1～3で記者たちが使った「思い」に対する委員たちの指摘は明快だ。

委員A「『思い』という漠然としたことばだと、どこに焦点を当てて取材をしたのかが伝わりにくくなってしまうことがある」

委員B「本当に『思い』としか言えないのか、ほかの言い方はできないのか、一度立ち止まって考えてみるようにしたい」

最適な言葉に「思い」託す

レポート1の「震災」、レポート2の「衰退した漁港」、レポート3の「小児がんの手術」。それぞれにシリアスなテーマを丹念に取材した記者が目の当たりにした現場で、彼らの脳裏には、言葉に尽くせないさまざまな感情が去来したことは間違いない。

そのことは委員たちも十分に理解している。その上で、だからといって、感情に流されることなく、目で耳で感じたものを脳でしっかり咀嚼して、自分の言葉を紡ぎ出せ、それこそがプロの伝え手たる記者の使命だと説いているように見えた。

万能言葉の有効性を否定するものではまったくないが、「**それ以外の言葉が本当にないのか?**」**と自らに問い直す**ことの大切さを改めて感じた。

他の言い方ができないか立ち止まって考えよう。

3 変わりゆく日本語アクセント。世代間で違和感も

かつて東京都内で開かれた、30代から60代までという幅広い年齢層の経営者が集まる勉強会に参加してみて驚いたことがある。世代によって「そもそも」という言葉のアクセントが「異なる」という事実だ。

50代社長「**そ**もそも国がどう対応するのか、我々は慎重に見極めるべきだ」（高いトーンで読む部分を太字にして表記）

この50代社長が口にした「**そ**もそも」のアクセントは当然のように伝統的な「頭高（最初の「そ」にアクセントがある）」だった。議論の中身はともかく、「そもそも」のアクセントについて何ら違和感はない。

従来の「そもそも」は最初にアクセント

ちなみに、日本全国のアナウンサーがこぞって携帯する最新の『NHK日本語発音

アクセント新辞典』(2016年版)には頭高式の「**そ**もそも」だけが載っている。『新明解日本語アクセント辞典』(2014年版)も同様に頭高式のみが示される。「そもそも」の「意味」については以前、国会でこんな議論があった(2017年4月19日/衆院法務委員会での首相答弁)。

「『そもそも』には『基本的に』という意味がある、国語辞典を見れば書いてある(安倍晋三首相)」

「国語辞典をすべて見ましたが、『基本的に』という記述などひとつもありませんでした(野党)」

「言葉の意味」でかつて「国論を二分」した「そもそも」が今、「アクセント」でもめている! 相容れない2派とは、**「頭高アクセント」派と「平板アクセント」派**だ。

一般的には「そもそも」の後ろに「論」をつけた「そもそも論(物事の最初に戻ってする議論)」の場合の「そもそも」が「平板アクセント」という例外を除けば、「そもそも」は「頭高アクセントである」という認識が定着しているだろう。だが、その「常識」は一瞬で揺らいだ。

先の勉強会で20代後半の若手ＩＴ事業家がスッと手を挙げ発言した。

20代事業家「そ**もそも**国の政策を待つという旧来の考え方に問題がある気がします」

字面は同じだが、先の頭高式とはアクセントが異なる。最初の「そ」はトーンが低めで、続く「もそも」はトーンがやや上がって、平板に発音される。

経営の大先輩を前にして臆することなく堂々と発言する態度は立派だなあと思いつつ、その後もしばしば彼の口から出る、平板アクセントの「そ**もそも**」に「そうか、若い人はむしろ平板なんだ」と「平板そもそも」の繁殖ぶりを改めて思い知った。この日、彼以外の若い経営者の中には彼同様、「平板そもそも」を使う人が少なくなかったのだ。

平板な発音の「そもそも」が普及

こんな話を友人である古手のテレビプロデューサーにしたら、彼がいたく共感してくれた。

友人「若い放送作家なんか連発ですよ、『そ**もそも**健康ネタ、やりすぎでしょう。それにニキビって、そ**もそ**もうちのターゲット（これも平板に発音）じゃないっすよねっ』みたいな。そんなわけで『そ**もそも**』と平べったく言うの、少しだけむかついてました。『そもそも』と『そ』を高く発音する言い方には威厳とか格調が漂ってくるけど、『そ**もそも**』は、知恵の浅いヤツがへ理屈こねてる感じ、しますね」
梶原「40代の君が、そう感じるんだ……」
友人「話す相手を小ばかにするような攻撃性を感じません?」

「いわゆる」にも尻上がりアクセントが普及

主として若者が使うらしい平板型「そ**もそも**」が話題になったのは、一体、いつからか? インターネットを見たら、2015年ぐらいからポツポツと違和感を示す書き込みが出始めていた。ただ、本格的な議論にはなっていないようで、世間の関心は意外に薄そうだ。作家・亀和田武さんのエッセーには平板型「そ**もそも**」に関する批判的な指摘が見られた。ちなみにこれまで「い**わ**ゆる」と中高アクセント以外考えられないと思われていた「いわゆる」にも、「い」だけを下げて「わゆる」を平板に発音するアクセントで話す若手ビジネスパーソンが増殖中とも聞く。

さて、本論はここからだ!

図2-1 変わりゆく日本語アクセント

従来の伝統的なアクセント（頭高・中高）	近年の若者言葉のアクセント（平板または尻上がり）
そもそも	そもそも／そもそも
なんで	なんで／なんで
だれが	だれが／だれが
どこで	どこで／どこで
どうして	どうして／どうして
とはいえ	とはいえ／とはいえ
としょかん	としょかん

人気女性キャスターの安藤優子さん。ニュースからワイドショーに転じてますます大活躍だが、**ニュース時代と今とで語り口をビミョウに変化させた**のを私は見逃さなかった。

ニュースを読んでいたころの安藤さんの話し方はこうだった。

「**そ**もそも、**ど**この、**だ**れが、**な**んで？　悲痛な叫びが胸をつきます（解説映像に続く）」

平板アクセントで「役割」演じる

怒りをうちに秘めつつ冷静にニュース原稿を読み、映像へとつなぐキャスター時代の安藤さん。「そもそも」から「なんで」まで、すべて伝統的な頭高アクセントで通していた。

そして今、人気司会者として見事にワイドショーを仕切る彼女はこうだ。

「そ**もそも**、ど**この**？　だ**れが**？　な**んで**？　もう、許せません！」

ストレートに怒りの感情をあらわにする様が、強い言葉から痛いほど伝わってくる。気がつけば「そ**もそも**」や「な**んで**」など、近年、若者が使う「平板または尻上がりアクセント」を巧みに活用していた（注・違いをわかりやすくするため、表現は話し言葉そのままではない）。

この例は極端かもしれないが、少なくとも「なんで」という疑問を表す言葉を、ニュース時代には伝統的な頭高で発していた彼女。ところが、現在は平板なアクセントを使用するケースが増えた印象だ。

「なんで」にはもともと「なんで?」と理由や動機を問いながら「あってはならない」と強く否定する意志をも伝える役割が備わっている。わざわざ「な**んで**」と、平板、ないしは、後ろを高めることで語調を強める必要があるのか疑問だが、今やそれが彼女の持ち味となり、彼女の「強いアンカーパーソン像」を支持する声もあるらしい。

コメンテーターに話を振る場合も、かつてのニュース番組なら「**な**んで、ですかね?」と、頭高アクセントでさりげなく声がけしていた彼女。

しかし、近年はしばしば「な**んで**」と平板、ないしは、後部を高めて、怒りの共感を高めようとする場面を見ることがある。

他にも「だれが」「どこで」「どうして」など伝統的には頭高のアクセントを、平板化、または尻上がり調の「**だれが**」「**どこで**」「**どうして**」と工夫することで**発言の強度を強めている**ように見える。理不尽さへの怒りを表現する意図だろうが、若者が好むアクセントをまねて、なんだかおもねってるよなあ……（私の心の声）。

世間には「今どきの若者たちは中高アクセント以外は考えもつかなかった『図書館』さえもへっちゃらで『**としょかん**』と平板にしてしまう。日本語の未来はどうなるのだ？」。そんなふうに嘆いてみせる大人がいる。一方で、役割に応じて、アクセントの位置を戦略的に変えるしたたかな大人もいるというわけだ。

さて、この、私の分析を安藤さんご本人はどうお読みになるのだろうか。え？「**そもそも**、読まない？」「**どうして？**」「**なんで？**」

不慣れな「平板化アクセント」で私がしゃべると、無アクセント地区と言われる茨城弁っぽくなるのもちょよっと残念だ。

“したたかな大人”はアクセントも使い分ける。

4 「申し訳ありません」は誤用？ネットで飛び交うデマに注意

「銀ブラ」というのは、もちろん「銀座をブラブラする」という意味だが、「銀ブラ本当の意味」でネット検索すると、思わぬ「由来」がヒットする。「ブラ」の語源を「ブラジル」に見る異説だ。

少し調べれば「そりゃあ、ないだろう」とわかることでも、ネットの拡散力は大変なもので、「世の中のさまざまについて解説する某著名サイト」で「町歩きの専門家」と称する人までもが「ネットの解説」に踊らされ、「本来は～」「実は～」などとうんちくを垂れている。それをまた引用した記事の、そのまた引用という連鎖のせいで、**「デマ」はいつの間にかあたかも真実のように語られ始める。**

驚くことに人気テレビドラマの劇中で、「銀ブラ」がハイカラの代名詞だった時代の若いカップルが「銀座をブラブラ」ではないほうの「銀ブラ」について語りながら心を躍らせるシーンがあった。人気のクイズ番組も「銀ブラの語源とは？」の出題に対する正解を「銀座でブラジルコーヒーを飲むこと」としていた。「ネットのデマ」の影響はここまで来たのか？

人の命にかかわるような話でもないし、どうでもよいといえばどうでもよいかもしれない。でも、『三省堂国語辞典』の編纂者である飯間浩明さんは事実を調べ上げ、スタッフと協議を重ね、「銀ブラ」の項目に注釈を付けた。

「銀ブラ（俗）東京の銀座通りをブラブラ散歩すること。〔大正時代からのことば。「もと、銀座でブラジル コーヒーを飲むことだった」という説はあやまり〕」

その飯間さんをラジオのスタジオにお招きした。

朝井リョウや池井戸潤、平野啓一郎、石田衣良といった人気作家各氏の作品に踏み込み、物語で飛び交う、秀逸な言葉を「独自の視点で採取」するという、実験的な試みで話題の著作『小説の言葉尻をとらえてみた』（光文社新書）にまつわる話をうかがうつもりだった。

しかし、リスナーから寄せられた1通の電子メールから一気にトークの流れが「ネットのデマ・冤罪《えんざい》に泣く言葉たち（梶原が勝手に命名）」へと移っていった。そのメールにつづられていたのは、大学生の娘から言葉の「誤用」を指摘された母の無念さだった。

「謝罪するときの言葉、私は『申し訳ありません』が適切だと思うんですが、娘はそれは誤用で、正しくは『申し訳ないです』だと言うんです。テレビでもそう言っていたって。正解はどっちですか?」

「申し訳ございません」は誤用なのか

ここで飯間さんにスイッチが入った。

飯間「テレビで正解がひとつって言っちゃった? そりゃあまずい! お母さんのおっしゃる**『申し訳ありません』や『申し訳ございません』が誤用だったら世の中の大勢が困る**でしょう」

梶原「そりゃ、そうです。最近は企業の偉い人も軒並み使ってますよ。不祥事を謝罪する記者会見では『申し訳ございませんでした』が当たり前。『申し訳ないです』のほうがむしろ珍しい。というか、聞きませんよね」

飯間「昔からどっちもあったんです。ところが、ネット上で『申し訳ございませんは誤用だ』というデマが一気に広まった。きっかけのひとつになったのは、日本語研究者と称する人物がニュースサイトのインタビューで答えた発言だといわれます」

梶原「どんな？」

飯間「その言い分はこうです。『「申し訳ない」はそれだけでひとつの形容詞。形容詞をふたつに分離できない。すなわち、「申し訳」と「ない」を切り離して、後半部分を「ありません」「ございません」と丁寧表現にするのは文法的に誤り。正しくは形容詞に丁寧語の「です」を加えた「申し訳ないです」。これ、意外と知られていないんです』って説明するわけです」

梶原「もっともらしいですねえ」

飯間「でも、形容詞を分割して丁寧にする言葉なんて、いっぱいあります。『滅相もない』を『滅相もございません』にしたり、『とんでもない』を『とんでもございません』にしたり」

梶原「じゃあ、ご相談のお母さんも、お嬢さんも両方ＯＫですか」

飯間「もちろん。**言葉にはバリエーションがある**んです、正誤の2択でひとつに絞り込むというものでもない」

梶原「目上の人にはお疲れさまでした。目下の人にはご苦労さま。逆は誤用だという説は？」

飯間「これも根強いデマですね。マナーに関するネット記事ではとりわけ。我々もかつては目上目下ではなく、疲れている人にお疲れさま、苦労をしている人にご苦労さままでやっていたんです」

梶原「昔はそうだった気がする」

「ご苦労さま」「了解」を巡る諸説の混在

飯間「ちょっと古くて恐縮ですが、映画『男はつらいよ』シリーズの妹・さくらは帝釈天の御前さま（住職）に『いつもご苦労さまです』と丁重にあいさつしていましたよね」

梶原「確かに。偉いお坊さんに『お疲れさま』はかえって変かも」

飯間「目上に『了解しました』と言ってはいけないというデマもありませんか？」

梶原「ありますね。『了解っす！』みたいな、部活の先輩・後輩イメージから、ネットで悪く言われるようになったのかなあ」

飯間「『了解っす！』はさすがに目上に失礼ですが、伝達された事項をしっかり受け止め理解したことを丁寧に伝達するときの『はい、了解いたしました』は問題ですか？」

梶原「いや、悪くないですねえ。私の手元にある『デジタル大辞泉』も『お申し越しの件を了解いたしました』と明らかに目上（顧客など）に使うケースを例に挙げています」

飯間「昔から**私たちは多様な言葉を、多様な場面で、大らかに使っていました**。言葉たちも穏やかに伸び伸びと存在していた。ところが、急に『その言葉、誤用の疑いがある。ちょっと署まで』と連行され、身に覚えのないことで『誤用だ、使うな』と責め立てられる。切ないですね」

梶原「しかもその根拠がデマだったら冤罪ですよ」

飯間「**誰しも言葉の趣味嗜好はありますよ**ね。自分は使いたくない、使わないという表現や言い回し。梶原さんもそうでしょう？」

梶原「私なんか『口のきき方』（新潮新書）を書いて以来、世間の言葉にツッコミまくってきました。とんでもない嫌みなヤツだと思われていることでしょう。でも、一方的にこれが正しい、これが間違いと決めつけて得することは何もないと思って、ひたすら面白がっている。『これでなきゃだめだ』なんて固まっていたらもったいない」

飯間「そうですね。自分以外の人の、いろいろな言葉、多様な表現をそのまま認める。それを**自分が使うか使わないかは自分が決めればいいんです**」

ちなみに飯間さんが一番使う言葉は「**そうとも言いますね**」だそうだ。私はいつもこの言葉に救われている。

多様な表現をそのまま認める。

5 好かれる人は相手のズレを笑顔で認める

「言葉の誤用」問題についてもう少し掘り下げてみよう。

朝日新聞の投稿欄に、21歳の女子大学生の「私は人生の『正解』が欲しい」という声が載っていた。趣旨をピックアップすればこんな感じだ。

「高校までは何に対しても正解があった。教科書の問題（についての正解）が解答ページに、取るべき行動は校則に（正解が）。ところが大学や社会に出ると、突然、正解のない問題ばかりが降りかかってくる。私はこの先どこへ向かって歩けばいいの？（梶原の要約）」

この問いかけはなかなか示唆に富んでいる。

社会との接点を持ち始めたとたん、「正解と不正解の境界があいまいになる」「正解と言われたものを無条件に信じられなくなる」。こんな若者の不安が率直に述べられている。そんな彼女もやがては「世の中には○か×か、簡単に正解を求められることばかりではない」と知ることになるのだろう。

さてここからが本論だ。インターネット上には**「言葉の意味の正誤を2択で問うクイズ」**がいくつもアップされている。「読んで得するもの」から「読まないほうがいいもの」まで、コンテンツのクオリティーもさまざま。

「読むに値しないもの」の特徴は「言葉の揺れ（変化）」を無視して、現状に配慮しないまま、「答えはこれ！」と決めつける類いだ。中には「明らかに誤解」というケースも見受けられる。言葉への書き手の関心が低く、「言葉ネタはページビューが稼げるらしいから」程度の動機で、ネット上のネタを適当にピックアップしているというケースさえありそうな玉石混交ぶりだ。

誤用と決めつけるのは危うい

たとえばネット上でしばしば目にするクイズには、こういうタイプがある。

「爆笑」の意味として正しいのはどちら？

Ａ：大勢が一斉に笑う（人数のほうに重点がある）

B：ひとりで大笑いする（笑いの強さを重視している）

この出題は本来、２択クイズにはなじまないものだ。なぜなら、**A、B両方とも間違いとは言い切れない**からだ。

『広辞苑』では「はじけるように大声で笑うこと」とあり、大勢で笑うか、ひとりで笑うかの区別には一切、言及していない。

『三省堂国語辞典』には「吹き出すように大きく笑うこと」「笑う人数が問題にされることが多いが、もともと、何人でも良い」とある。

『明鏡国語辞典』は「大勢が声を上げていっせいに笑うこと」と記した直後に「近年、一人で大声を上げて笑う場合にもいう」と説明している。

若者向け辞書の『三省堂現代新国語辞典』も「吹き出すように大声で笑うこと」と説明していて、ひとりか、大勢かへの言及はない。

『大辞泉』では「大勢の人がどっと笑うこと」に加え、「一人、または数人が、大声でわっと笑うことの意味でも用いられる」としている。

少なくとも「大勢でどっと笑う」だけを「正解」とする現代の辞書はあまり見かけ

ない。辞書からいえば、「2020年時点で『ひとりで爆笑』は間違い」と決めつけるのは難しそうだ。辞書を判断基準にする限り、正解は定まらないようである。

つまり、このクイズは出題者が独自に「正解」を決めていることになる。これは「出題者はどちらを正解と考えているでしょう」と尋ねるクイズと同じであり、言葉に関する理解度を問うクイズになっていないといえるだろう。

一方で「辞書が推奨する言い方だけが『唯一無二の正解』と決めつける態度も狭量すぎる」といわれるかもしれない。**「辞書的には『正解』であっても、実際に世間では別の意味で使われている」というケース**もあるからだ。

言葉の「正解」を見つけたがる人

周囲の約50人から聞き取った結果では「テレビを見ながら爆笑」「ユーチューブで動画を見て爆笑」など「ひとりで爆笑」が「大勢で爆笑」を3倍ほど上回っていたが、母数が少なすぎて、参考にはならない。

ただ、個人的な実感としても、AかBのどちらかを「不正解」と断定するのには、無理があるように思う。要するに正解がはっきりしない状態であり、こういう言葉は意外に多い。**言葉は「生き物」であり、「AかBか」と、明快に切り分けにくい性質があるから**だ。

近ごろはこういう懐の深いとらえ方をせず、たまたま聞きかじった知識に基づいて、「Aは正しい、Bは間違い」と決めつけたがる傾向が強まったように感じる。もちろん、正確な定義に基づいて扱う必要のある言葉はある。学術用語や医学用語はその例だろう。

しかし、私たちが普段、しゃべる際に用いる言葉には、転用や変質、派生などを重ねて、正解と不正解が入り交じった状態になっているものが珍しくない。

たとえば「独壇場（どくだんじょう）」はもともと「独擅場（どくせんじょう）」だったそうだ。「擅」を「壇」と書き誤ってしまった結果、「壇」が広まったといわれる。ただ、今では独壇場のほうが認知度が高くなっていて、NHK放送文化研究所の解説ページにも『『独壇場』という用語の定着・慣用化が進む中で放送でも今では『独壇場』を使っています」と書かれている。

しかし、世の中には「独壇場」と聞きつけると、「いやいや、実はそれは誤用で、『どくせんじょう』が正しいんだ」と、**マウンティングを仕掛ける**人がいる。この人にとっては「唯一の正解＝どくせんじょう」なのかもしれない。でも、言葉の現状をさまざまなデータとともに観察し続けるＮＨＫ放送文化研究所が認める通り、「どくだんじょう」はもはや不正解ではない。

言葉の役割をコミュニケーションと考えるなら、こういった難癖をつけたがる態度は、本来の目的である「人付き合い」を難しくする点で本末転倒といえるだろう。言葉の意味を不必要なまでに厳密に区別し、「不正解」をくさすような振る舞いは、円滑なコミュニケーションの阻害要因となりそうだ。

「穿《うが》った見方」というのも、テレビやネットのクイズでよく目にする。「穿った見方」という場合の意味合いを「Ａ：物事の本質を的確にとらえた見方をする」「Ｂ：疑ってかかるような見方をする」のどちらかと問うような設問だ。

辞書的には多くがＡの「物事の本質を的確にとらえた見方をする」を「本来」としているが、「Ｂ：疑ってかかるような見方をする、深読みする（例　それは穿ちすぎだ）」のほうが実際に広く使われ、すでに「誤用とは言えない状況」。

文化庁の「国語に関する世論調査」（２０１１年度）によれば、Ｂの「疑ってかかる、深読みする」のほうが、Ａの「本質をとらえた見方」の２倍近く使われている。

このように、辞書と調査が分かれるようなケースを「誤用」と断じ、クイズの問題として出題するのは避けるべきだと私は思っている。

「辞書＝正解」という考え方は了見が狭い

「世間ずれ」という言葉は、辞書上の説明と、世の中の使われ方が必ずしも一致しない例といえるだろう。この不一致は「擦《す》れる」「ずれる」という異なる動詞のどちらを源流と考えるかによって生じている。

「実社会で苦労した結果、世間の裏に通じて賢くなる」というのが、「擦れる」式の説明にあたる。一方、「世の中の考えからはずれている」というのは、「ずれる」式の説明。現実にはどちらも通用している。

辞書的な正解は「世間を渡ってずる賢くなっている」という意味のほうだろう。でも、文化庁の2013年度の調査によれば、「世の中の考えからはずれている」という使い方を正しいと感じている人が半数を超えた。数字の上だけでいえば、**辞書の定義を世論が否定**した格好で、こういうケースは珍しくない。

世の中でのリアルな使い方が変化しているのに、世間の声を完全に無視して「正しいのはこれ（辞書の定義）！」と決めつけ、クイズとして出題して、詳しい説明もなしで済ますという、一部ネットの態度には疑問を感じる。「辞書＝正解」という考え方は、いささか了見が狭い。一方的に「正解」を設定した上で、間違った人の羞恥心を刺激するような態度も、あざとくさもしい気がしてならない。

「辛党《からとう》」という言葉も、時代の変化に翻弄されてきた波瀾《はらん》万丈の表現だ。昔から辞書に載っている、本来的な意味は「酒飲み」で、菓子のような甘い食べ物より、酒のほうを好む人を指していった言葉。同じ意味で「左党」ともいい、そこから転じて「左利き」ともいう。

ところが、最近は「辛い食品が好きな人」のことも辛党と表現することがある。タイ料理や激辛フードのブームを経て、辛い食べ物の人気が高まり、辛い食べ物ファンが増えたことが背景にあるのだろう。辞書的には「誤用」と呼べそうだが、鬼の首を取ったかのように、「正しくは酒飲みの意味だ」とのたまうのは、大人の振る舞いとは言いにくい感じがある。

言葉の誤解が広がる事情

古い言葉の中には、使用頻度が減ったせいで、意味が正しく伝わっていないケースもある。「須《すべか》らく」もそのひとつ。「当然、ぜひとも」という意味を、年配の人は多くが知っていそうだが、20代以下の世代には、聞き慣れない言葉のようだ。

「すべからく」について、文化庁が尋ねた「国語に関する世論調査」（2010年度）の結果では、「当然、ぜひとも」という、本来の意味で理解している人と、「すべて、皆」という意味で理解している人の割合がどちらも4割前後となった。本来の意味に照らせば、「すべて、皆」派は誤用と見えるが、ほぼ支持率が同じという点からいえば、簡単に「間違い」と決めつけにくいところがある。

この文化庁調査では毎回、興味深い結果が浮かび上がる。「破天荒」や「姑息」なども、本来の語義と一般的な理解のずれが大きかった言葉だ。姑息は本来、「その場しのぎ」の意味だが、2010年度の「国語に関する世論調査」では圧倒的に「卑怯な」という意味で理解している人の割合が高く、ニュースにもなった。

「砂をかむよう」の意味を、本来の意味である「無味乾燥でつまらない様子」ではなく、「くやしくてたまらない様子」と理解している人のほうが多いという結果は、誤解が広がる事情をうかがわせる。「甲子園の砂」に象徴される「砂＝敗北、挫折」のイメージから、類推が広がった可能性がある。くやしがる形容の「ほぞをかむ」とのミックスが起きて、さらに「くやしい」のニュアンスが強まったのかもしれない。

本節の冒頭で紹介した21歳女子大学生は「大人になると、正解のない問題ばかりが降りかかってくる」と嘆いているが、人生も言葉も、安易に「正解」を決めにくいところがある。むしろ、**決めてしまわないほうが「正解」の場合だってあり得る**だろう。少なくとも他人の「誤用」の揚げ足をとって勝ち誇る態度は、言葉遣いや人付き合いの「正解」とは言いにくい感じがする。

自らは「本来の意味」をわかった上で、実際には「本来」以上に出回る「誤用」に接したときは、「広い心」で受けとめる度量が求められそうだ。

言葉の役割はコミュニケーション。正誤ではない。

第3章

上司はなぜイラッとした？言葉遣いのキモはふさわしさ

円滑職場のヒント

1 大繁盛の自動車教習所に学ぶ。ほめコトバは脳へのごほうび

テレビの情報番組で「ベタぼめする自動車運転教習所」が紹介されていた。三重県伊勢市のその学校では、たとえば、若い女子教習生が「お粗末な脱輪」をしたときでさえこんなふうにほめるのだ。

先生「まあ、（コースから）落ちてしまったことは惜しかったんやけど、落ちたときにすぐ止まって、しかも（車を元に戻すため）バックするとき『後ろをまず確認します』言うてくれたやんか」

教習生「はい」

先生「あれ、すごく大事やと思うんや」

白ワイシャツにネクタイ姿の若い男の先生が笑顔で上手にほめている。そして教習生は先生の励ましを受けて、今度は車をバックさせるのだが……。

教習生「あ～、ポールにぶつかっちゃう、ギャー！（必死でブレーキを踏む）」

先生「(何事もなかったように穏やかにほほえんで)でも、ぶつかりそう思って止まってたやん」
教習生「え、ええ、そうでしたが……」
先生「よかった、よかった!」
教習生「はい?」
先生「ぶつかったらいかんからな(笑)。その前にちゃんと止まれてすごいやん!」
教習生「はい!(満面の笑み)」

上手にほめるのには「技」がいる

この教習所のホームページによれば、かつて校長がハワイで水上スキーを習う機会があり、地元インストラクターの「ほめちぎる指導法」に感銘を受けたことが「ほめの効用」を取り入れるきっかけになったという。「ほめちぎり作戦」は「吉」と出て、人口減少、車離れのご時世に、教習生の数は右肩上がりなのだそうだ。

スタッフは専門家から「ほめるための特別訓練」を定期的に受け、始業前に、各自「ほめ顔(自然な笑顔)」をパソコンのカメラに読み取らせる「厳格なチェック」まで行っているという。「ほめ」を訓練する姿勢を私は評価したい。

「ほめ」は案外、難しい技だからだ。「口先だけのほめ」は「何か下心があるのか?」とかんぐられやすく、「本当は、バカにしているんじゃないか?」と怒り出す人さえいる。

どこをほめるかを見極める

短時間で問題解決につながると評判の心理療法「ブリーフセラピー」を10年ほど学んだ。「ほめる技(コンプリメント)」は「ブリーフ」のもっとも大事な技法のひとつだ。

「あれもできない、これもできない、自分にいいところなんてひとつもない!」と、「自己否定の権化」になり、もだえ苦しむ人の「悩みの原因」を一緒に掘り下げていっても、いっこうに解決に結びつかないことがある。こういう場合、その人が見失っている、本人の中に残存するポジティブな部分(リソース=症状を改善させる貴重な資源)を、相談を受ける側が一緒になって見つけ出す作業によって症状を劇的に改善できることがある。それこそがブリーフセラピーの醍醐味。その中で「ほめる」が効果を発揮する。

その際に大事なのは、**どのタイミングで、何をほめるかを意識してほめる**ことだ。「タイミングとほめどころ」は、目を見開き、耳をそばだて、文脈を読み取り、空気を感じ取りながら探り当てる。こんなことを言うと「特別なこと」のようだが、実のところ、**部下に信頼される上司ならごく普通にやっている**ことばかりだ。

部下を精神的に追い込む「ほめしぶり」

日本経済新聞（2016年7月10日付朝刊）に「ほめ言葉の効用」を説く記事があった。筆者は認知行動療法の第一人者、大野裕先生。話は過重労働のせいでうつ状態になった人の「重い言葉」から始まった。現場は上司と部下が働く職場だ。休職するまで追い詰められたのは、残業や休日出勤そのものより、その状態を見て見ぬ振りを決め込む上司の態度だったという。「せめて『頑張っているね』とか『助かるよ』という声かけをしてほしかった」。それがないことが仕事のつらさに輪をかけたそうだ。

もちろん「勤務時間の物理的な過剰さ」「組織としての不備」が問題でもあるのだ

ろうが、「職場の人間関係のありよう」もきわめて重要であることが端的に示されている。

その人は「ほめる」に十分すぎるほど、一生懸命働いていた。ところが上司は、自分が退社するとき、居残る部下に「ほめる」どころか、ねぎらいの言葉さえもかけていない。

大野先生は「ほめる重要性」を脳の中にある「報酬系」というシステムで説明している。「報酬」といえば「労働の対価としての給料」がイメージされるが、心理学では金品のようなごほうびに限らず、「社会的な行動を促進するために与えられる賞賛などについても言う」（『心理学辞典』有斐閣）。

ほめられるとやる気がわく科学的根拠

たとえば、自分の話を熱心に聴いてもらい気分が良くなった状況を「報酬を得た」と表現する。「もっと話したい」と意欲がわくのは「報酬」のおかげだ。「ほめ」などの言葉かけは「報酬」を与え、「やる気を促進させる」。**適切な「ほめ」が人をなごませ、やる気が出た状態が「報酬を得た」**だ。

「報酬系」とはざっくり言えば**「脳内の元気の源」**。大野先生は言う。「ほめられると報酬系が刺激される」。ところが過重労働状態である上、上司に声もかけてもらえない人は報酬系が刺激されず、仕事への意欲や集中力が落ち、「精神的な不調を引き起こすことさえもある」。

活気のある職場環境の中には「ほめ言葉」が多い。「べたぼめする自動車教習所の繁盛ぶり」から学べることもありそうだ。

どのタイミングで何をほめるか。

2 「期待してるよ！」。上司のほめがかえって重荷に

「ほめ」についてもう少し考えてみよう。実は、相手によっては「負の側面」を持つこともあるのだ。

ある時期からメディアで見聞きする機会が急に増えてきた言葉に、**「承認欲求」**がある。私も会員である日本産業カウンセラー協会が発行する会報誌「産業カウンセリング」は２０１９年２月号で「インターネットと承認欲求」を特集。承認欲求の光と影について言及している。長年にわたり、「働く人たちの人間関係にまつわる問題」を、主として「マンツーマンの傾聴技法」で解決に導いてきた同協会。近年の「ネットが職場に与えるインパクト」と真摯に向き合う姿勢を明確に打ち出している。

心理学者のマズローが提唱した「欲求５段階説」で説明される承認欲求は、スマートフォンやＳＮＳが今ほど一般的でなかったころは、あまり人々の話題に上がることがなかったと記憶する。少なくとも、「自己実現欲求」のほうが広く知られていただ

ろう。「自己実現欲求」とは、「個人的な目標を達成して、満足できる自分になること」を指す。2000年前後、ビジネス界・教育界を中心に盛んに使われた、当時の流行語でもあった。

承認欲求の副作用

ところが、この数年、とりわけ「インスタ映え」がユーキャン新語・流行語大賞に選ばれた2017年あたりからは、承認欲求のほうが頻繁に耳に入ってくるようになった。その定義を「自信・能力・達成など自尊心に関する欲求と、名声・地位など他者からの承認を求める欲求」と記したマズローも、承認欲求が「バイトテロ」の誘因になるとは想像しなかっただろう。

ここで承認欲求の「負の側面」を斬新な切り口で語る、1冊の本を紹介したい。『「承認欲求」の呪縛』（太田肇著、新潮新書）だ。

「負の側面」と言っても、「承認されたい気持ち」を暴走させて、とんでもない事件を引き起こした「愚かな人たち」について語るのではない。むしろ、**「承認されてしまうことで苦しむ、弱い立場の心優しい人々」**についての話だ。

たとえばこんな例が挙げられている。社長が工場視察に訪れた。そこで、工作機械を巧みに操る若手社員の姿が目に留まった。うれしくなった社長は部下のところに行ってその仕事ぶりをほめたたえた。そして、別れ際「君には期待してるよ」と、彼の肩をポンと叩いてねぎらったのだそうだ。

社長の一連の言動は、「交流分析（心理療法のひとつ）」では「ストローク」と呼ばれている。「承認欲求を満たす行為」と同じような意味合いでビジネスセミナーで語られることの多い「ストローク」とは**「相手の存在を認める働きかけ」**のことをいう。時には**「心の栄養」**と称されることもある。

先の事例では、社長の「君には期待している」という言葉や、「肩をポンと叩いた」という動作によるストローク（承認的行為）は、前途有望な若者の心に響き、彼の働く意欲、モチベーションを高めたに違いない――。と思われがちだが、**結果はまるで逆だった**というのだ。

他人の評価が負担になる人

本から一部を要約・引用する。「社長から励ましを受けて以来、同僚からも注目されるようになった彼は、誰よりも早く出勤し、準備万端整えて仕事に取りかかった」「ところがその彼は、やがてメンタルヘルスの不調を訴え、休職に追い込まれていった」

思わぬ展開に、「えー、なんで?」と戸惑う私に、著者はこう説明していた。

「人は認められれば認められるほど、それにとらわれることになる。世間から認められたいと思い続けてきた人が、念願叶って認められたとたん、一転して承認の重圧に苦しむ」「他人の評価が負担になるケースは多い」「承認欲求に縛られ、悩み、苦しんでいる場合がある」

このように「承認の副作用」ともいうべき「承認のプレッシャーにもがき苦しむ人々」の実態が赤裸々につづられていたのだ。我々は、注目されないむなしさに不安を募らせながら「インスタ映え」で「いいね!」をかき集める人や、果ては暴走する「ネットの人たち」ばかりに目を向ける一方、「認められたことが心の負担となり、それを耐えきれないほどの痛みと感じる人」に無頓着だったかもしれない。

「相手の存在を認める働きかけ(ストローク)」には、「働きかけが心地よいプラスのストローク」と「心地よくないマイナスのストローク」があり得る。つまり、承認欲求のゴールとも見えがちな「承認」にも、**「マイナスに働く承認」**があったというわけだ。そのひとつが「君には期待してるよ」のような「プレッシャーを伴う承認」だという。「上司が部下に」といった間柄で言いがちな「君には期待してるよ」は、その代表例だ。

「期待してるよ」は「若手社員の心に重くのしかかる上司の言葉ランキングワースト3」なのだそうだ。「承認するから私の期待に君はこたえよ」と圧力をかけられるぐらいなら、「承認なんかされたくない」と思う人もいることだろう。

押しつけがましい承認ならいらないと考える若い世代は少なくないようだ。「ややこしい連中だ」とぼやく上司にとって、参考になりそうなエピソードが本書にあった。

重たく受け止められにくい「ほめの気配り」

菓子の卸問屋を大阪で営む老舗の会社の話だ。この会社では成績優秀者に賞金や海外旅行などをプレゼントする表彰制度を取り入れている。気前のよい表彰式の様子はテレビでも報じられるほど、有名なのだそうだ。

その日、トップの成績を上げ、賞金を受け取った営業部の社員は、緊張した表情でこう言った。

「会長、こんなに素晴らしい賞をいただいてありがとうございます。これからもっと頑張ります」

その言葉を受けて、賞を授けた会長は、こう声をかけた。

「君、それは違うよ。私たちは、君の過去の貢献に感謝したいだけだ。将来の貢献を『期待して』表彰したのではない。君が『またこの賞が欲しいから頑張る』というなら、それは君の自由だけどね」

会長のこの言葉に私はグッと来た。**若い社員に無用のプレッシャーをかけてはならない**という、何とも気の利いた言葉ではないか。

むやみに承認欲求を満たしてやればよいというものではない。知らない間に相手が胸を痛めたり、イラッとしている可能性もある。「マイナスなストローク」と同じように「マイナスな承認」があることを、経営者や上司は知っておいたほうがよさそうだ。

〈参考図書〉
『新・心理学の基礎知識』（中島義明、箱田裕司、繁桝算男編／有斐閣ブックス）

「いいね！」が欲しくない人だっている。

3 上司はなぜイラッとした？ 言葉遣いのキモはふさわしさ

毎年、日本経済団体連合会（経団連）が「新卒採用に関するアンケート調査」を発表している。今さらのようだが、志望者を選考する際にもっとも重視する能力は「コミュニケーション能力」だそうだ。**2004年以来、「コミュ力」がトップでなかったことは一度もない。**

2018年度の調査でも「コミュニケーション能力」は82・4％というダントツの数字で首位をキープした。主体性（64・3％）、チャレンジ精神（48・9％）、協調性（47・0％）、誠実性（43・4％）などをはるかに超える。「グローバル化」が言われる近年、外国語能力も重視されているのではと思い、結果を見たら「語学力」は6・2％。留学経験に至ってはたったの0・5％だった。

企業がここまで重視する「コミュニケーション能力」とは一体、何なのだろう。

周囲の若い人たちに「『コミュニケーション能力が高い』で思い浮かぶ人は？」と

図3-1 選考にあたって特に重視した点（5つ選択）

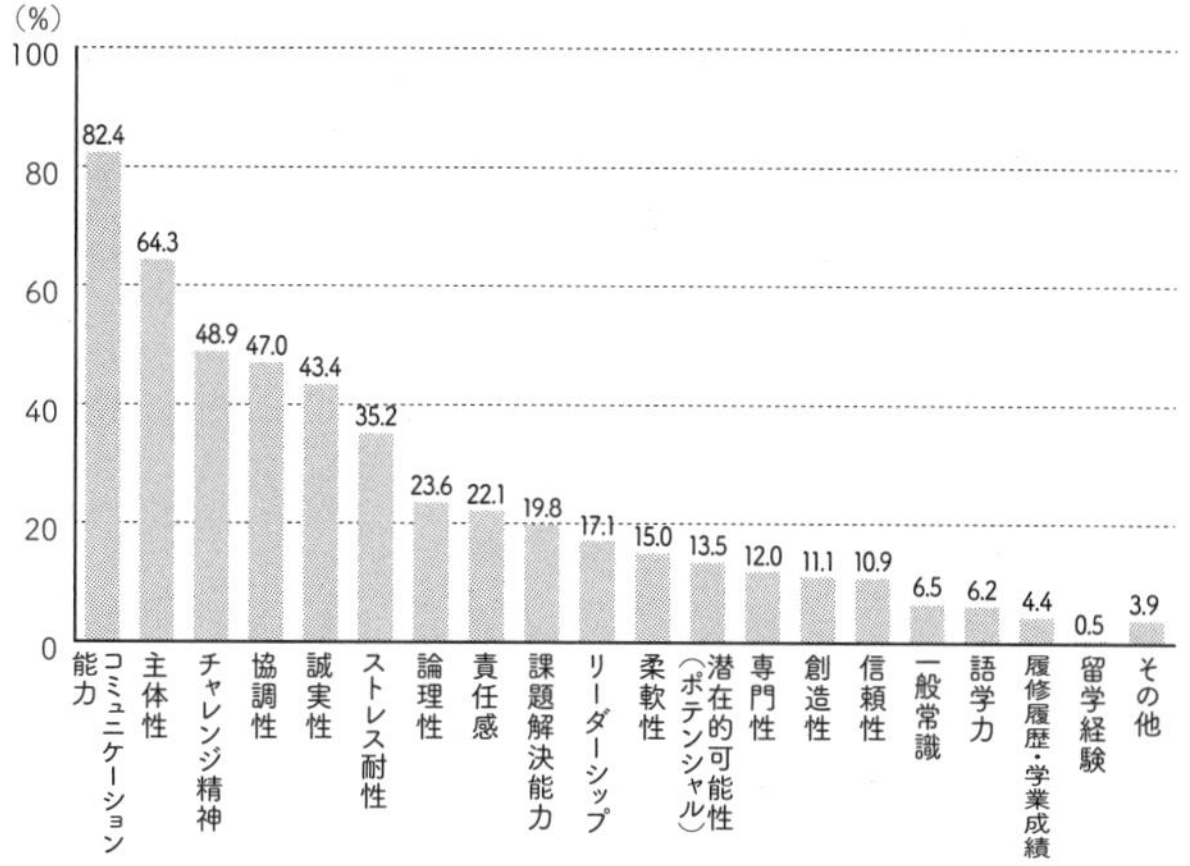

出典：「2018年度 新卒採用に関するアンケート調査結果」（日本経済団体連合会）

尋ねたら、「マツコ・デラックスさん」「ソフトバンクの孫正義社長」「米アップル創業者のスティーブ・ジョブズ」「聖徳太子」などの名前が挙がった。しかし、バラバラすぎてコミュニケーション能力の本質を知る手がかりにはならなかった。

コミュニケーション能力は、思った以上にフワフワとしてとらえどころがなさそうだ。

コミュニケーションの4要素

試行錯誤の末、シンプルなインターネット検索で、2018年3月に文化庁文化審議会国語分科会から出された

「分かり合うための言語コミュニケーション（報告）」に巡り合った。お役所文書的ではなく、かんで含めるような調子で語りかける、わずか77ページの報告が謎解きの助けになりそうな予感がした。

この報告はコミュニケーションを４つの要素で説明している。**「正確さ」「わかりやすさ」「ふさわしさ」「敬意と親しさ」**の４つだ。

この中の「ふさわしさ」という概念こそ、採用試験で重視される「コミュニケーション能力」に直結するのではないか？　読み込むうち、ひらめきは確信へと変わった（以下、私の思い込みにしばらくお付き合いください）。

「軽い前置き」を加えて、自分の考えを伝える

報告では「ふさわしさ」を「ことばを受け取る人の気持ちへの配慮、感じの良さ」と説明している。正確に、わかりやすく、敬意と親しさを心がけても「ふさわしさ」が欠けていたら、「コミュニケーション能力のある人だ」とは言ってもらえないというわけだ。

報告の35ページにこんな記述がある。

「相手への配慮よりも正確に伝えることの方を優先し、はっきりと物事を言ったために、感情的な行き違いが生じる場合もあります」

例も挙げてある。部下が作成した書類の内容が十分でなかった場合、「このままでは受け取れない」と正確さを優先するばかりではなく、「ここと、ここを修正したら、もっとよくなるよ」や、「このまま預かってしまってもいいんだが、もう少し手を入れてみないか」と提案するようなケースを示した。相手の気持ちに寄り添った「ふさわしさ」がいかに大切かをわかりやすく説いている。

部下の仕事がおおざっぱすぎると感じた場合も「もっと丁寧に」というだけでなく、「スピード感のある仕事ぶりは頼もしいね。これからは、細かいところにも目が届くとさらにレベルアップできるよ」などと励ましの言葉を加えることによって、部下が指摘を受け入れやすくなると指摘する。

報告では「率直な言い方をする前に、相手の気持ちを和らげる一言を添えるといった工夫もできるでしょう」とも提案している。特に目上の人に対する場合などは、いきなり自分の意見を述べるのを避け、その前に「**私はまだ問題の本質を理解できていないのかも知れませんが**」や「**ご判断には深い理由があるのだろうと思いますが**」などの「軽い前置き」を加え、相手を尊重しつつ、自分の考えを伝える技も紹介している。

上司に「コーヒー、お飲みになりたいですか?」はどこが変?

「それって、コミュニケーション能力というより、処世術じゃないの?」といぶかる読者がいるかもしれない。だが、「ふさわしさ」に配慮することは「感じのよさ」を醸し出し、職場をなごませ、取引先のウケをよくすることだと考えれば、「必須のコミュ力」に見えてくるのだ。

「公的機関が、感じがよいとか悪いとか、情緒面に介入するのは、いかがなものか?」そんな声もあろうが、今回の報告は、そこを逃げずに切り込んだからこそ価値があると私は考える。

「ことば、文法、敬語など、間違わずに話したにもかかわらず、ふさわしさを欠いて、思わぬ誤解をあたえてしまうことがある」として、こんな例を挙げていた。

例 部下が上司に向かい「コーヒー、お飲みになりたいですか?」と尋ねることは失礼か?

報告にある調査結果では「失礼だと思う」との回答が半数を上回っている。文法的に間違いがなく、誠意を込めても「失礼だ」「嫌な感じだ」と思わせたら、仕事の成功はおぼつかない。なぜか？

目下から目上に「願望、欲求を尋ねること」は、ふさわしくない、失礼だ、嫌な感じだと受け止められる。「ふさわしさ不足」のせいで、社の内外で問題を起こす人物を歓迎する職場があるだろうか？

目上に尋ねると、反感を買う質問

「ふさわしさ」を心得た人は「コーヒー、お飲みになりたいですか？」ではなく「**お飲みになりますか？**」「**コーヒーでもいかがですか？**」と尋ねるはずだ。職場で言葉を受け取る人への配慮がスムーズに行えるコミュニケーション能力が求められるのも、当然な気がしてきた。

例 部下が上司に「部長はフランス語もお話しになれるんですか？」

例 部下が上司に「課長は夏休みにはどこへいらっしゃるつもりですか？」

これらの会話も「目下が目上に、能力、意思、願望を尋ねること」はふさわしくないと理解できていれば、感じ悪さを避けられる。

最初の例の部長への声がけは**「フランス語もお話しになるんですね」**と、「能力を問わない言い方」に言い換えがきく。

次の例の課長に対しては**「夏休みはお出掛けですか？」**ぐらいの、意思、願望を直接的に問わないような形での「ふさわしい気持ちのやり取り」が職場を生き生きさせる可能性が高い。

例 部下が上司に「いい時計ですねえ、いくらしましたか？」

この購入価格を尋ねる質問に関しては、今回の調査ではさすがに8割近い人が「ふさわしくない、感じが悪い」と考えているようだ。

目下、目上に限らず、よほど親しい者同士を除き、**相手の買った物の値段を尋ねるなど、個人的な領域に踏み込むことは慎むのが「ふさわしい」**と多くの人が考えている。「学生感覚の延長」でこんな言葉のやり取りを取引先でされたら、言った当人だけでなく、会社のレベルや信用を疑われかねない。

価値判断のニュアンスは目上をイラッとさせる

例「先生の御著書を拝読し、内容的に高い水準に達し、価値があるものと感じました」

出版社が採用した新人が、著者に向かってこんなふうに言ったら、イラッとさせるどころか、「次作は別の出版社から出す」とへそを曲げられる恐れさえある。御著書（尊敬語）、拝読（謙譲語）と、敬語は適切でも、後半の「高い水準」「価値がある」と、新人が大御所の先生を評価してしまった時点で叱責されても仕方がない。

「下の立場（社員）」は「目上（先生）」に対し評価してはならないというのが一般的な理解のようだ。たとえ「プラスの評価」であっても「不遜だ、感じが悪い」と受け止められ、その後の取引に重大な被害をもたらす可能性がある。

「相手への評価」ではなく、「感激しました」「勉強になりました」など、自分の受けた感動として伝えることが、職場で求められるコミュニケーション能力なのだ。

同様に、部下が上司のプレゼンテーションを見た後、「部長のプレゼン、上手ですねえ」とプラスに評価するような賛辞も「おまえに言われたくない！」という反発を生むだけだろう。「自らの感動として伝える」という知恵も「コミュニケーション能力」のひとつだ。

「御著書」の例に登場した先生に講演をお願いする際、「内容は御著書にお書きになったことと同じもので、十分です」「他のお話でも構いません」と言ってしまえば、先の例同様、後半の「十分です」「構いません」で先生の気分を激しく害するはずだ。

お願いする側（目下）が「十分だ」「構わない」と「判断を下す言い方」はふさわしさを欠き、失礼で、感じが悪いから、避けるのが賢明だ。

実際にはこんな新入社員はそうはいないだろうが、「いたら大変」という、採用側の過度な危機意識が、志望者を選考する際、もっとも重視する能力を「コミュニケーション能力」と答えさせているのではないかと、この報告を読んで邪推した。

コミュニケーション能力とは「ふさわしさ」。

4「敬語もどき」に要注意！

新年度ともなると、雑誌記事に「ビジネスマナー」や「敬語」の特集が目立つ。ニュースサイト「ビジネスジャーナル」に掲載された『関係各位様』『ご質問』…失笑ものの敬語&ビジネス用語を使うバカ社会人たち」もそのひとつだ（2016年4月6日配信）。

「お」さえつければ「お上品になる」わけでもない

中でも面白かったのは、若者世代が顧客に使うと書かれた「ごPDF（をご査収ください）」「おミーティング（を行います）」「（会議は○時に）おフィックス」という「斬新な表現」だ。失笑を超え、爆笑した。

3つの例は、5分類される敬語の「美化語」の「変形」ともいえる。

あいさつを「ごあいさつ」、打ち合わせを「お打ち合わせ」、約束を「お約束」というように「表現を上品に演出したいときに用いる敬語」が本来の「美化語」の役割だ。
ところが、たとえば「おバカ」の「お」は「上品に美化して演出する美化語」というよりもっぱら「揶揄《やゆ》する」目的で使われている。「お」さえつければ「お上品になる」わけでもない。

古すぎて恐縮だが、トニー谷という終戦直後からの一時期、我が国お笑い界のスーパースターだったお方は、横文字に盛んに「お」をつける芸風が人気だったと聞いたことがある。「おフランスでは」みたいな感じだったのだろう。

そんな歴史もあったからか、現在でも「お」「ご」の美化語は「使いすぎに要注意」「横文字には通常使わない（例外：おビール、おタバコなど飲食業界用語）」が原則とされている。それゆえ「ビジネスジャーナル」の記事が「問題だ！」と指摘する気持ちは十分理解できる。

「常識知らずの若手社員のせいで、大事なビジネスパートナーに大きな違和感を与え、会社の信頼感を損ねかねない」

そう懸念するほうが真っ当かもしれない。

とはいえ、記事に出てくる「弊ＩＤを送信いたします」のように使われる「弊ＩＤ」

とする「センス」はなかなか捨てがたい。「うちの会社」を低めていう「弊社」という「おなじみの表現」を「進化」させ「謙譲の接頭語、弊」を用いた「弊ＩＤ」に！「なるほど！　その手があったか」と感心してしまった。

ここからが本論だ！

「わかりやすい敬語間違い」は笑って済ますこともできる。

ところが、**「よくわからないけど、モヤモヤする」――そんな「微妙な敬語表現」こそが「問題」**なのだ。

これを知っておけば「敬語マイスター！」かもしれない

そこで、モヤモヤ感を払拭するため、「敬語で傷ついた４人のオヤジ」を通して、問題のありかを探してみよう。

オヤジの会話①　目上に許可を与える言い方はダメ？

オヤジＡ：スーパーでの支払い。「カードでいい？」って尋ねたら、若い女性店員が「よろしいですよ」って答えてくれた。丁寧な言い方だなあとは思ったけど納得がいかない気がした。なぜだ？

「カードで払っていい？」という問いに「いいですよ」「よろしいですよ」と答えた彼女の「どこが変じゃ！」「クレーマーオヤジめ！」――非難の声が聞こえてきそうだが、実はオヤジの違和感にも一理ある。

「スーパー」という場面では、客（ここではオヤジ）が「上位」、店の人（ここではレジの女性）が「下位」が建前ということになっている。日本の敬語は「相対敬語」だ。「どちらを上位とするか？」は場面と役割でコロコロ変わる。

これは、オヤジとレジの女性の、別の場面をイメージするとわかりやすい。

オヤジが「秘密クラブ」に行ったら、そこの「女王さま」がレジの女性だった、とすれば「女王さま」が上位で「会員」は下位として振る舞うことが求められる。この前提で話を進める。

前述したように、敬意表現では「下位の者（目下）」は「上位の者（目上）」に「許諾表現」を使わない。これが「お約束」だ。すなわち「いい」とか「ダメ」とか、そもそも判断することは、「下位の振る舞い」としてふさわしくないとされる。「目下から目上への許諾表現」は「上から目線のルール違反」だと感じる人が少なくない。

こういう恐れを回避するには、「いいですよ」「よろしいですよ」の代わりに「かしこまりました」を使う。「ダメですよ」と不許可を告げずに、「申し訳ありません。カードはご使用いただけないんです」と誠心誠意、詫びるのが好ましい。

したがって「いいですよ」「よろしいですよ」と許可を与える言い方ではなく、**「かしこまりました」「承知しました」**と笑顔でカードをお預かりすると好感度が上がる。

オヤジの会話② 目上の能力を評価する言い方はダメ？

オヤジB：飲み屋のカウンターでLINEをチェックしたら、若いバーテンダーが言うんだ。

「すごいですね、LINEとか、できるんですね！」

お世辞のつもりだろうけど、こっちはバカにされたようで、微妙なんだよね。

敬語の原則から言えば、目上の「できる」「できない」という能力に関わる話題を目下が投げかけることは望ましくない。「さすが部長はプレゼンが上手にできますね」

と新入社員に言われて、素直に「ありがとう！」と上司が喜ばない（むしろイラッとする）のは、この「原則」による。

オヤジの会話③

「～してもらってもいいですか？」はダメ？

オヤジC：「この書類、確認してもらってもいいですか？」「ここにハンコ押してもらってもいいですか？」と尋ねる部下に俺は、なぜムカつくのだろうか？

「～してください」「していただけますか？」に代わり、最近ひそかに増えている**「敬意のつもり、敬語もどき表現」**に「～してもらってもいいですか？」がある。

「～していただけますか？」の代わりに言われることの多い、この「～してもらってもいいですか？」をあなたはどんなふうにお感じだろうか。

買い物をカード払いにしたとき「こちらにご署名お願いします」など伝統的な敬語使用であれば気持ちよく買い物が済んだというのに……。

店員「ここに名前書いてもらってもいいですか？」

こうつっけんどんで愛想のない声で言われたらどうだろう。

「名前を書いてほしいという君の願望を叶えろという要求に対し、素直に協力する気がしなくなった」というへそ曲がりがいるかもしれない。

行列のできるほど人気のラーメン店の店員さんが、ボソッとした声で「こちらに並んでもらってもいいですか?」と言ったら、「丁寧な人だ」と思うより「もっと言い方があるだろう」とムカつく人のほうが多い気がする。

「あのー、昨夜緊急入院した知人の見舞いなんですが」と通りすがりの看護師に尋ねたら「受付で聞いてもらってもいいですか?」。多忙とはいえ、こんなけんもほろろな「～してもらってもいいですか?」で言われたら、「感じ悪いなあ」とガッカリする人もいることだろう。

「～してもらってもいいですか?」という「恩恵おねだりの敬語もどき」をこれ以上放置すると、「お金、貸してもらってもいいですか?」なんて図に乗った人が出てこない、とも限らない。

まだ耳馴染みでない人もいる、比較的新しい表現を使用する際は心したほうがよい、と偏屈な私は思う。

オヤジの会話④ 「待ってねーよ」と言いたくなる「お待たせしました」

オヤジD：期日から2日も遅れて書類を提出した失礼な部下が、ようやく俺のところにやって来たときのセリフ「お待たせしました！」っておかしくないか？　「遅れました」が筋だろう？

この疑問を晴らしてくれるのが、本書でおなじみ、NHK放送文化研究所の塩田雄大さんが「最近気になる放送用語『遅くなりました』？　『お待たせいたしました』？」に掲載した調査結果だ。

「遅くなりました／お待たせいたしました。提出期限ギリギリになってしまいましたが、リポートを提出いたします」

この場合、「お待たせいたしました」と言われると、言葉としては丁寧な言い方なのだが、カチンとくる人もいる。学生がリポートを提出しなかったら単位を取れないだけで、教員側としては必ずしも「リポートを待ち望んで」はいないからだ。

詳細は研究所のサイトでお読みいただくとして、ざっくり言えば、60歳以上の男性（オヤジ）には「遅れました」と「まずは謝罪の言葉を冒頭に」が一般的だ。

待望の書類が到着したと大喜びする人ばかりではない。「不当に待たされ、苦々しく思っている上司」の前に現れ、ぬけぬけと「お待たせしました！」と口走る部下の言葉に「敬意」など感じない。**あなたの上司はどう感じるタイプだろうか。**それをしっかり見極めて言い方を考えることが「敬語マイスター（名人）」への道だ。

「敬語」と言えば「これは間違い、これは正しい」と一刀両断に切り捨てる類いの言説や書籍があったりするが、オヤジたちを含む**「繊細な人々」は微妙なところに「引っかかり」を感じながら日々を送っている。**

敬語の「味わい」をかみしめたい方には拙著『すべらない敬語』（新潮新書）をお薦めする、って、これが一番、押し付けがましい？

一見、丁寧な言葉遣いでも相手がカチンとすることがある。

5 一流のパイロットが雑談上手な理由

日本語の総合的な能力を測る「日本語検定（語検）」審議委員の末席を汚しておよそ10年になる。国語研究者や教育専門家の先生方とは定例会などでしばしばお目にかかるが、意外にも会えずじまいの方がいた。それは、最難関の1級取得者だ。

語検では毎回、4万人を超える受検者が自分の力に応じて、7級から1級までを選んでチャレンジする。**頂点である1級に挑戦し、資格認定されるのは毎回100人程度だ**（回によって合格者数は上下する）。

作問担当者とじかに顔を合わせる機会のある私はもちろん受検できない。毎回、個人的に過去問にチャレンジするが、1級はまるで歯が立たない。

「1級に合格できちゃう人って、どんな感じなんだろう？　一度お目にかかってみたい」

そんなことを事務局の方につぶやいたら『ごけん』（日本語検定が発行する冊子）

のインタビューに応じてくださった方なら会ってくれるかもしれませんよ」と言われた。とんとん拍子で話が進み、某所で話を聞くことができた。

なぜパイロットに巧みな日本語技術が必要か

その1級合格者は、飛行時間1万8200時間という元パイロットだった。現在はパイロットを目指す若者を指導する大学の先生だ。

待ち合わせのカフェに行くと、「あ、この人だ！」とすぐにわかった。背中をビシッと伸ばした白髪のジェントルマンの後ろ姿があったからだ。

声をかけたら、やはりそうだった。その畝本宜尹《うねもとのぶまさ》さんはパイロット歴41年。とっても気さくなおじさまだった。

畝本「テクニカルな情報や管制官との公用語は英語ではありますが、クルーたちとはもっぱら日本語です。特に私の所属したANA（全日本空輸）のような日本の航空会社では、仕事相手となる整備士、管制官、運航管理者、客室乗務員のほとんどが日本語を母語とする人たち。すなわち日本語を使う機会が圧倒的に多いんです」

響きのよいバリトンボイスに気おされる感じだ。

畝本「自分の日本語が正確で簡潔かを確認するには、日本語検定が一番だと思いチャレンジしたら、初回は見事に滑りました、ハハハ」

機内にとどまらない「上手な日本語」のメリット

2回目で1級合格とは、実はすごいことだ。パイロットは乗る機種ごとに試験を受ける。それに無線だ、気象だ、技術英語だと、資格試験がついて回るお仕事のようだ。畝本さんはヘリコプターの免許もお持ちだという。

畝本「正確に簡潔に日本語を運用する。場面にもっともふさわしい語彙を瞬間的に選択し、クルーで共有する。これが安全の基本中の基本。安全を担保する要です」

梶原「ほーっ」

畝本「とはいえ、**正確で簡潔なだけでは職場がギスギスする**恐れがあります。そこで搭乗前のリラックスタイムでは、ゆるゆるの雑談を楽しんでいるんです。雑談や冗談を駆使して互いの関係性を近づける。私はこれも日本語能力だと思っています」

1級取得者の話はさすがに説得力がある。

畝本「役職、立場、年齢の違いを取っ払って、遠慮なくモノが言える時間は、クルーの連帯感やモチベーションを高める上できわめて重要です。楽しい雑談が事故を防ぐことに役立っている。クルーメンバーは何でも言い合える仲であることも、安全のために大切なんです」

とりわけ重要な、機長と副操縦士の間柄

風通しのよい職場にはミスやエラーが少ないといわれるが、空の世界も一緒らしい。このように機長、副操縦士、整備士、客室乗務員、運航管理担当者など、チームの気持ちをひとつにしていざ「空へ！」となるわけだが、「大事なことがもうひとつある」と畝本さんは言う。

畝本「『遠慮なくモノが言えるクルー同士の関係が大事』だと言いましたが、コックピットのパイロットとコウパイロット（副操縦士）の間では、その重要度がさらに増し、この関係ができていないと、大事故につながる心配さえ出てきます」

梶原「ほう？」

畝本「コックピットの狭い空間にたったふたり。しかもその日初めて顔を合わせる機長と副操縦士というケースも珍しくありません。そんなふたりが重責を担い、狭いと

ころに並んで座る。変なたとえですが、機長が、以前話題になった日大アメフト部の監督で、副操縦士が監督のイエスマンであるコーチだったとしましょう」
梶原「強引ですね！　ま、浮かびましたよ、反則タックル問題でのあのコンビの姿」
畝本「イエスマンの副操縦士が『機長は機首をもっと上げないとまずい』と思っても、『機長！　機首上げましょう！』って遠慮なく言えますかね？」
梶原「そりゃあ無理でしょう！　あのコーチが監督に異論を唱えるとは想像できません」

立場の極端な格差で態度が萎縮

畝本さんの目がぎらりと光った。
畝本「梶原さんは『**権威勾配効果**』という言葉をお聞きになったことがありますか？」
梶原「もちろん！（聞いたことないな……）」
畝本さんが紙ナプキンにボールペンで2体の人形風の絵を描き始めた。
畝本「たとえば、背の高い人形を機長、低いほうを副操縦士としましょう。ふたりの頭を結ぶ直線の傾き、すなわち勾配が見えますね？」

梶原「機長が高く、副操縦士がやや低いから、なだらかな右下がりですね」
畝本「高い、低いは、権威、権限を表しています。空の上で安全に責任を持つという点では、機長も副操縦士も同等であるわけですが、片や年もキャリアも職責も上の機長と、一方、どちらも低い副操縦士という仲であれば、若干の傾きがあるのは自然かもしれません」
梶原「一般の会社や組織でも、先輩後輩感覚はむしろあって当たり前ですね」
畝本「まったくのフラットより、どちらがリーダーかが明確なほうが危機管理上もよいとされています。ところが、それも程度問題。たとえば、これはどうでしょう？」
畝本さんは左の人形を極端に大きく高く、右を小さく低く描いて言った。
畝本「頭を線で結ぶと、傾きが、すなわち勾配が極端にきついでしょう？」
梶原「機長が圧倒的に権威が上で、副操縦士の権威が格段に低い？　あの監督とコーチみたいだ！」

上意下達の気風・慣習が事故の下地に

畝本「かつて某国の航空会社では、操縦士の多くが元空軍パイロット出身者でした。

軍隊の上官が機長で、部下が副操縦士。軍隊の上下関係は絶対です。命令する側、される側が問答無用にはっきりしていて、部下が上官に異を唱えるなんてできない間柄です。その関係を、民間機に搭乗してからも引きずった結果、上官パイロットの明らかな操縦ミスを目の当たりにしながら、部下の副操縦士がそれを指摘できずに大惨事なんていう、うそみたいな事故が結構あって、問題となりました」

梶原「権威勾配の傾きが急な場合、副操縦士は、安全より、人の命より、上官（上司）への配慮を優先する恐れがある！　乗客はたまったものじゃない！」

畝本「**権威勾配は安全確保を損なう『心理的な罠となる』**ともいわれますね」

権威勾配で自由にモノが言えない環境のせいで飛行機事故が起き、反則行為が黙認され、官僚が政治家の問題を〝忖度〟して見て見ぬふりをする。そして、国会は大混乱……。

「権威勾配かあ、さすが1級取得者の使う日本語は奥が深い」と感心している場合ではなさそうだ。

上下関係も適度なバランスで。

6 出世した人が陥る「雑談恐怖症」。その克服法は？

「初対面の人を前にどう振る舞ったらいいのか？」。職場でも、学校でも、ご近所付き合いでも、趣味の活動でも、頭を悩ませる人がますます増えているらしい。

相変わらず「雑談関連書籍」は書店で平積みの人気だ。ＳＮＳで雑談だらけの日々を送っている若者が、「リアルな場面じゃ、てんで雑談ができないって？」などと斜に構えている場合ではない。

「雑談恐怖」は若者だけではない。私が取材した老人養護施設関係者がため息まじりに言っていた。

「特に男性入居者で、現役時代それなりの地位にいた方に限って、他のメンバーさんとのたわいない会話に交じわれず苦しむケースが多くって……」

「雑談はやっかいだ」とおっしゃる方は、実は昔からいた。目的を持った会話は比較的楽にこなせても、**行き当たりばったりの瞬発力を求められる雑談は、むしろ難しい**

と感じても不思議はない。

だからだろう。昔から「雑談で困らないための呪文」が重宝されている。「きど（木戸）にた（立）てかけし衣食住」の類いだ。「き」は気象、「ど」は道楽・趣味、「に」はニュース、「た」は旅、「て」は天気ないしはテレビ。「雑談のテーマに迷ったら思い出せ」ということらしい。

ところがこの「雑談マニュアル」、お手軽だけに「リスク」も伴う。

「マニュアル質問」をするなら責任を持って

数年前、某地の某会合で登壇を待つ間、律儀そうな若者が私に気を遣い、いろいろ話しかけてくれた。「おじさんを、ほったらかしにしたら気の毒だ」という親切心あふれる誠実な若者が、〝例のマニュアルで雑談〟してくれていたのがすぐにわかった。

青年「こちらの冬は、寒いでしょう」

梶原「そうですねえ、でも、身が引き締まる感じ、私は好きですよ」

北国の厳しい冬、春を待つ地元の人の心情が聞けたらなあと期待したら、スッと話題を変えられた。

青年「趣味はなんですか？」
梶原「あ、そうですねえ……犬の散歩かなあ。散歩と言っても、ちっちゃなトイプードルですから大層なもんじゃありませんが」
北国のわんちゃんは寒さに強く、雪道やぬかるみもへっちゃらでたくましく散歩を楽しむのか、聞いてみたかったが、話題が次へクルリ！
青年「今朝のニュースで、衆参ダブル選挙か？　とありましたがどう思われます？」
梶原「まあ、そうですねえ、どうでしょう。与党にとってチャンスと見ればやるってことですかねえ」
この地はかつて選挙に強かった、某有名政治家の強固な地盤だ。そのエピソードが聞けるかと楽しみにしていたら、また話題を変えてきた……。
青年「テレビは見ますか？」
梶原「見ます、見ます！　朝ドラの『真田丸』も面白くなってきましたねえ」
「それを言うなら『あさが来た』じゃないですか！（笑）」というツッコミを期待してボケたらスルーされ、「本番ですよ」と青年にせかされた……。
マニュアルによる「質問」は便利だが、投げかけた質問には責任を持ったほうがいいのではないかと、親切にされておきながら偉そうな感想を持ってしまった。

雑談は「相互の親愛の情」を高めるためのもの

彼には、「雑談の極意」もぎっしり詰まった「この本を紹介すればよかった」とあとで悔やまれた一冊があった。東京大学の森俊夫先生の著作『ブリーフセラピーの極意』（ほんの森出版）だ。人気の心理療法「Solution-Focused Brief Therapy（解決志向ブリーフセラピー）」を一般の人にわかりやすく説いたこの本は、「雑談恐怖」に効きそうだと思ったからだ。

40歳になるころ、それまでまるで接点のなかった「心理学」に興味を持った。人の心理に通じればもっとまともな人間になれるとでも思ったのだろう。さまざまな「流派」の講座に通っていた。そのひとつが「解決志向ブリーフセラピー教室」だった。臨床心理学といえば「暗い、理屈っぽい」印象を持つ人も少なくないが、講師の森俊夫先生は真逆で、我々受講生は腹を抱えて大いに笑った。

同書は「初対面の相談者を前にどう振る舞ったらいいのか？」をセラピストに向けて書いているのだが、私は「雑談が苦手」だと感じるビジネスパーソンにぜひ読んでほしいと感じた。正しく知りたい方は直接先生の著作に当たっていただくとして、例によって「梶原流超訳」で紹介してしまうことをお許し願いたい。

雑談恐怖の特効薬① 出合い頭のひと言を大事に

「この人と波長が合いそうか否か？」――我々は短い雑談を通し瞬時に判断する。先生は「出合い頭のひと言」「さりげない質問」の大切さについて書いている。

それゆえセラピストが、「お悩みはなんですか？」と機械的に来談者に聞くなどあってはならない。ビジネスパーソンが来訪者に「ご用件は？」と突き放すように言えば、「なんで来た？」という拒否を意味するのと一緒だろう。「ご用件は？」は上から目線の一方通行で緊張を高めるだけだ。

相談者は悩みがあるから来談するのだし、商売人は用件があるから訪問した。受付はすでに済ませている。**自分を訪ねて来たことへの〝ねぎらい〟が最初であるべきだ。**

雑談恐怖の特効薬② 「私も知ってる！」の効用

「交わす言葉」は「相互信頼」をつくるために存在する。雑談は「相互の親愛の情」

を高めるためにこそある。


「○○さん、こんにちは！　この雨で濡れませんでしたか？」

「週末で前の道、混んでたでしょう？」

「うちの玄関、改装中で、ご迷惑おかけしたんじゃないかなあ」


「雨」や「道」「玄関」が会話の〝架け橋〟となる。**「一緒に見たという体験」を言葉にするから緊張緩和の役に立つ。**「私も知ってる！」の力だ。

使う言葉も相手に合わせる

森先生の主張は一貫している。

「出会った瞬間、信頼関係を築く努力を！」

「互いの、違う点ではなく、共通点を探し出すため全力を尽くせ！」

「ここ一緒だよね！」に力が宿る。一致点があればあるほど相互の信頼感が増す。「この人に任せたい！」――そう思わせたいなら「一緒だよね」を増やせという。

どうしたら、共通点・一致点を増やせるのか——。それには「違いを見つけさせる質問」ではなく、**「同じを発見させる質問」を投げかける**ことだ！

たとえば、「私は野球ファンですがあなたは？」は、「サッカーファン」に「違うけど」と不一致を意識させる。そこで「私はスポーツが好きですが、あなたは？」と〃広げて〃聞けば、野球ファンも、サッカーファンも、それ以外も「好きです！」と返事する可能性が高まる。一致点を増やすなら、「ざっくり聞くこと」だ。

もしここで「嫌いです」と言われたらどうするか。そのときは、「私、運動神経が鈍いから、やるのは苦手なんです」と返せばいい。これはこれで「苦手で相手と一致」する。

別の例で言えば、「猫は好きですか？」「犬はどうですか？」と問わずに、**「ペットは好きですか？」と〃広く〃聞いたほうが、共通点が見つけやすい。**

ここで「ペットは苦手です」と答えられたら？　「私だって、爬虫類《はちゅう》をペットにするのは抵抗があるな」と思い直し、答え方を変え「実は私もペットが苦手なんです！」と。これでしっかり〃一緒〃を見つけたことになる。

これはインチキでも何でもない。不一致を探すより、「『一緒！』を探すこと」に意味がある。

信頼関係を強めるコツは、「相手に合わせること」だと森先生は訴える。**「意味だけでなく、相手の使用する単語にさえ自分を合わせよ」**と。

具体的な例で話そう。たとえば雑談で映画の話が出たとする。「映像と音楽が上手にかみ合った映画が好きです」という相手に、「ビジュアルと、サウンドがコラボした映画が好きなんですね」と、意味は同じでも「相手とは別の言葉」で質問してしまうと、〝共感と信頼〟は生まれにくい。

むしろ、「相手の言葉をそのまま使う」質問のほうが効果的だ。「映像と音楽が上手にかみ合った映画が好きなんですね」で、初めて「一緒だ！」と気持ちを近づけてもらえる。

価値観まで相手に合わせる技

さりげない雑談にも決して手を抜かないのが森先生だ。言葉ばかりか「価値観まで相手に合わせる」技がある。

「やはり大事なのは愛ですね」とつぶやいた相手方に、「いや、お金じゃないですか?」と反論すれば「正直な人」と評価されるかもしれないが、ふたりの心理的な距離は広がるばかり。「金か? 愛か?」の論争ならいざ知らず、目的が「信頼関係を高める」ことにあるのなら、正解にこだわるのは得策ではない。**唯一のこだわりは、早期の解決**だ。

「自分をだませ」というのではない。ゆるく、アバウトに考えれば、「愛もお金も両方大事だ」との結論が導かれる。自分にうそをつかず、「そう、愛は大事ですね」と相手に合わせることは十分可能だ。その言葉が解決を引き寄せる。

来談者の窮状を、一刻も早く救うあらゆる「解決志向の戦略」を示し続けた森俊夫先生。心理の機微をさりげない雑談に絡める技も粋だった。先生は2015年の春、57歳の若さで旅立った。雑談と脱線も交えた超一流のレッスンを、何年にもわたり受講できたありがたみをかみしめている。

意識的に「ここ一緒!」をつくり出そう。

7 キャラを印象づける「役割語」。強い語感はこうつくる

このところ「会見観察人」というブログを書くためにテレビやインターネットで「会見チェック」を勝手にやっている。こういうことを「趣味」にしている「同好の士」がどれほどいるのかとパソコンをチョコチョコやると、私なんかまるで及ばないほど熱心に会見のやり取りを吟味し、コメントを投稿している方々がいた！

それらは私の「なまくらな感想」とは違い、激しく強い。まるで**投稿者同士で「コメントの強さ選手権」を戦っている**ようにも見える。「ターゲット（会見者）」に一番強いダメージを与えられそうな言葉を投げかければ「勝ち！」みたいな勝負。

「梶原は、今さら、何を言っているんだ。ネットの掲示板の書き込みなんて、昔からそんなもんさ」

今さらまあ、そういうものなのだろうが、私は彼らのコメントの「強さのヒミツ」を探り、それが「『役割語』と関係があるのでは？」という結論に達した。

「え？　役割語？」。初めて耳にするという方もいるだろう。

「役割語」はテレビのせりふ字幕でおなじみ

「役割語」とは「ある特定の言葉遣い・語彙・語法・言い回し・イントネーション等」を聞くと、特定の人物（年齢、性別、職業、階層、容姿・風貌、性格等）をイメージできる言葉（金水敏著『ヴァーチャル日本語　役割語の謎』［岩波書店］などを参照）をいう。

この「役割語」について最初に話を聞いたのは、まさに金水先生の10年ほど前の講演だった。北京オリンピック陸上短距離で大活躍したウサイン・ボルト選手の言葉で、英語の同時通訳なら素直に「私はウサイン・ボルトです」と訳すところを、テレビ各局が報じた「インタビュー翻訳テロップ」では「俺が、ウサイン・ボルトだ！」「僕がウサイン・ボルトさ」など、さまざまな「工夫」を凝らした。これもひとつの「役割語の活用」というようなお話だった（と記憶している）。

「ああいう人たちは多分こういう話し方をするんじゃないか？」。人の「役割」から自然にイメージする話しぶりだ。

「そういうのって、あるよなあ」と私がそのとき、頭に描いたのは、かつて担当していた「UFO番組」で使用した、アメリカの片田舎の、年老いた農夫が「UFOらしきモノ」を発見したときの映像だ。

事前に見せられた、ナレーション加工する前のビデオの証言者は、南部なまりはあったものの、結構聞き取りやすい「普通の英語」だった。それが、声優さんが吹き替えた「日本語しゃべり」を聞くと、内容は変わらないが、表現や口調が「それらしく」修整されていた。

「わしゃー、ぶったまげちまってのう！　でけえぴっかぴっかに光った丸いもんが、空さ高ーぐ、飛び回っとんじゃ（老人語＋田舎語）」

すなわち「実際に五輪の英雄が、またはアメリカの農民がそうしゃべった、しゃべらないにかかわらず、いかにもそれらしい語り口から、その人物を思い浮かべやすくなったとき、その言葉遣いを『役割語』という」。

そう私は理解し、以来、「役割語」に興味を持ち今に至っている。「役割語」を正確に理解したい方には、金水敏編『〈役割語〉小辞典』（研究社）をお薦めする。

ネット書き込みで別人格を演じる人たち

さて、飛んだ話を元へ戻そう。記者会見を見て、ネット上で鋭くコメントする投稿者の皆さんは、どうやらこの「役割語の力」を「技」として使っているのではないか？

たとえば、少し前になるが、東京・銀座の泰明小学校の標準服に高級ブランド「アルマーニ」を採用した校長先生が会見したときの投稿者たちが、こんな感じの「強いコメント」を次々発していたのを思い出してほしい（以下に挙げたコメントサンプルはイメージで、実際のモノとは少々異なる）。

パターン① 荒くれ者的「役割語」の使用例

「なんなん、コイツ！　親に負担させるなんてえぐすぎるやろ？　テメー公務員だろうが？　切腹もんだわな？」

「なめトンのか？　制服なら、ブルマにさせろや!!」

投稿者ご本人が実際に「そっち系の方」とは思えない。日々の暮らしで多忙の中、パソコン・スマホを前にひと息ついたとき、ひとつの「仮想空間」に身を置いて、荒くれ者のキャラクターをかぶって発言してみる。本来の自分とは異なるスタンスだからこそ「強いコメント」が可能になるような気がする。「これが役割語」なんて言うと金水先生に叱られそうだが。

パターン② 昭和の上司的「役割語」の使用例

「オイ、君、君は、個々の家庭の事情というものを理解しようとしないんかね？ え？ 校長なんてやからは、ちっとも変わらんなあ（えらそうな上司調）、もっと、しっかりしてくれたまえ（上司的上から目線で）」

「何でそんなアルマーニだなんて考えたかなあ（あからさまにあきれ顔をする上司的に）、よくは知らんが、ユニクロだって、しまむらだって、ほかに選択肢はいくらもあったと思うぞ（教え諭す上司口調）。わからんなあ、常識ってもんを理解できんもんかなあ。普通、そうは言わんだろう（最近の若いヤツを嘆く昭和の上司調で）」

令和のこのご時世に「くれたまえ」だの「やから」「言わん」「知らん」「わからんなあ」などという「えらそうな言い回し」がいまだに生息している職場はおそらく我が国に多くはないと思うが、ネット上では「ネット投稿文体」として広く使われているのに驚いた。

パターン③ 方言っぽい「役割語」の使用例

「このボケ、洋服屋とズブズブですやん。自分の懐入れとったりしてるのチャイます？ そういうのやめてほしいわあ。早う、この底辺なんとかせにゃいきまへんなあ」

こういう「方言っぽい怪しげな言葉遣い」が醸し出す「ほのぼの感」から「痛烈なパンチ」を繰り出す人って「いるよなあ」とおっしゃる方がいるかもしれない。

そもそもどこをルーツとした方言かさえ判別できない言い回しだが、「イメージを喚起しやすい文体」の工夫を凝らしたのだろうと評価した。

話がだいぶ横道にそれたので、改めて「役割語の定義」を確認してみた。

別のキャラクターをかぶるメリット

「特定のキャラクターと結びついた、特徴あることばを『役割語』という」（『ヴァーチャル日本語　役割語の謎』）

「本当の自分のまま」だと発言しにくいことも「特定のキャラクター」を背負って口

にすると、意外なことに言いたいことがすらすら言える、なんてことが、やっぱりありそうだ。

金水先生の本には、そんなことに役割語を使いましょうなんてことは1行も書いていないが、ネットの熟達投稿者の皆さんは、「その技」をきっちり心得て「強い言葉」を発し続けているのかもしれない。バーチャルの仮面をかぶって。

言いにくいことを〝キャラ〟を演じて伝える人も。

8

わざと研修に遅刻。「ふれ合い恐怖」の危うさ

東京・日本橋の中堅老舗企業に勤務する42歳の田中氏は所属部署での新入社員研修を初めて任されビックリした。新入社員向けのオリエンテーションで、彼は出社初日のスケジュールをこんなふうに伝えた。「うちの部署は午前9時から始まります。新人研修は9時半にスタートします。一緒に頑張りましょう！」

梶原「そういう言い方だと、研修を受ける新人の中には9時半出社でいいと受け止める人もいるんじゃない？」

田中「そういうひねくれた若者はいないと思っていたんですが、ひとりだけいました。9時半ジャストに来た女性が」

梶原「私みたいなの、いるんだねえ」

田中「言い方にあいまいさもあったから、そういうことかなあという反省もあって、研修の後、彼女に直接聞いてみたら意外な答えでした」

梶原「？」

田中「彼女はとても賢い人で、私のつたない告知も文脈をしっかりくみ取って『新入社員も9時には出社したほうがいいのだろう』とは理解していたそうです。とはいえ、研修受講まで30分もあり、一体どうやってつないでいいのかものすごく不安だったんだそうです」

梶原「黙って座っていれば、上司や先輩が話しかけてくれるんじゃないかなあ」

田中「そういう、**『何を聞かれるのか？』『それにどう返したらいいのか？』を想像し、思わぬ質問につまらない返答をして失望させ、何だコイツ、つまらないヤツだと思われるのはつらい。**そういう30分間を過ごすことを考えたら、告知の読み間違え（解釈間違い）で遅刻しましたと言ったほうがずっと気が楽だと感じたんだそうです」

梶原「律儀なのか、不誠実なのか、よくわかんない気もしますが」

田中「まあ、まじめであることは間違いない。新人研修で学ぶであろうことはあらかじめよそで勉強していたようですから」

梶原「研修はどうでした？」

田中「完璧ですね。マナーから、注文書や報告書の書き方、ワーク、プレゼンの入り口までやりましたが、抜きんでていました。アドリブは得意じゃないと言っていましたが、与えられた役割が明確だとビシッと決めます。意外ですよね」

対人関係が「へたくそ」な人の「後ずさり心理」

田中さんの話を聞きながら「なんだか、わかる気がするなあ」と彼女の態度に共感してしまった。私も「これをやれ!」と目的、役割が明確なことは結構熱心、忠実にミッションをこなすが、**ミッションの前後に必要な対人関係が「へたくそすぎだ」と、叱られた経験**があったからだ。

ラジオ局のアナウンサーをやめ、フリーランスで仕事を始めた40代前半の私を担当してくれた、私より何歳か若いTマネジャーの言葉だ。

T「梶原さんは本番は確かにキッチリやってます。でも、その仕事を終えたら、逃げるように帰ろうとしませんか?」

梶原「だって、今日のイベントなんか、よりによって、全員怖そうな女性ばかりじゃないですか。政治家、起業家、作家、女優、シンガー・ソングライター。個性的な女性ばかりの中で、男は私だけ。いじられたりつっこまれたりして、立ち往生もしたけれど、これも仕事だと割り切った。自己採点ではそこそこ役割はやり切ったと思う。でも、本番を離れてまで、あの方々とご一緒するのはちょっとねえ。できるだけ遠ざかりたい」

T「何言っているんですか。いじられてなんぼ。人は興味のない人にあえてかかわろうとなんてしません。いじられたらいじり返して差し上げるぐらいのことでないと、かえって失礼です」

梶原「お勤めは終わってるし、やることやったんだからもう、早く帰って風呂に入りたい」

本番の続きのほうが面白い

T「ほら、見てください。速攻で帰る人って、梶原さん以外にいます？　メークを変えながら、あっちの人こっちの人と声をかけ合って。これは女性の集まりだからじゃありませんよ。男性はもっとかもしれない。こういう場所に呼ばれる人は**本番もその直後も同じぐらい大事だってことをよく知っている。**楽屋で話される『本番の続きのほうが面白い』ってよくいわれるぐらいです」

梶原「そうねえ。あんなに険悪だった人同士が、互いの子供の写真を見せ合ったり、亭主の会社でつくっているサプリのサンプルを配ったりと、尽きることなく公私にわたった会話が続くこと。僕には無理だ」

T「こういうところで腹の中まで見せ合えるから、本番で言いたいことも言い合えるんじゃないですか。番組制作者だって、本番後のこういう姿もしっかりチェックして、この人とこの人を組み合わせると、なんて考えるもんです。人気を得るタレントさんというのは、**強みも弱みも上手に見せ**ながら、仕事仲間はもちろん、イベントなら会場の人、テレビなら視聴者と全人格でふれ合っていける人をいうんです」

「なかなかいいこと言うなあ、俺もサラリーマン気分を早く脱して、もっと人間味のあふれるキャラクターを目指さなきゃな」なんて思ったものだが、人間はそう簡単に変われるはずもない。今では時々、「厚かましい」「恥知らず」などと言ってくださる人もいて、そういうときは実のところものすごくうれしい。

あえて遅刻してまで、未知の人との目的のない会話を避けた新入社員の彼女。本番が終わったら、さっさとその場を後にしたいと思った私。この両者に共通する心理状況に近い概念として思い出したのが「**ふれ合い恐怖**」という言葉だ。

これは四半世紀ほど前、東大保健センターなどで活躍された山田和夫先生の『ふれ合い恐怖』（芸文社）を通じて一般に広まったと記憶する。私は「自分の謎」を知りたくて、大学院で心理学を学び、修士論文のテーマに「ふれ合い恐怖的心性」を選んだ。当時はそこまで「思いつめていた」ともいえる。そのころ読んだ先生の著作を改めて読み返し笑ってしまった。

「ふれ合い恐怖の方は（略）実験などではリーダーシップをとってみんなに教えたりさえするのに、実験が終わると、昼食を誘われたりしないかと不安になってそそくさと消えてしまう（略）」「テニスなどプレーはするのですが、プレーの後部屋で（略）雑談することなどが怖いので、汗も拭かずにそのまま帰ってしまいます」

この年になり私に進歩があったとすれば、実験後の昼食も大歓迎だし、テニス後の雑談も楽しめることだ。「あえて遅刻した新入社員女子」に心からのエールを送る。

ミッション前後につくられる濃い人間関係。

9 「うなずき」で人をコントロールする

「過剰な飲酒はやめたいけど、やめられない」
「甘いものを控えろと医師に言われたが、やめたいけどやめられない（これは私）」
「スマホチェックで時間を浪費したくないけど、やめられない（これも私）」
「断りたいけど、嫌われるのではと断れない優柔不断な自分を変えたい（私も）」

「変わりたいけど変われない」という問題が「ひとつもない」という人はむしろ珍しい。そういう**「変わりたいけど変われない人」**にピッタリな「講義」を先日、聞いた。「怪しいセミナー」ではない。私が役員を務める「日本カウンセリング学会東京支部」が主催する勉強会で講師をお願いした、筑波大学の沢宮容子先生のお話がまさしく「それ」だった。テーマは、最近注目される**「動機づけ面接」**だ。

「動機づけ面接」とは、アメリカのふたりの学者によって創始された「Motivational

Interviewing（モチベーション・インタビュー）」の日本語訳。一般的には「MI」と呼ばれ、「変わりたいけど変われない」の代表的なケース「飲酒、ドラッグ、ギャンブルなどの依存症治療」から始まって、現在では「変わりたいけど変われない」に関する「ほぼ、あらゆる症状」に有効だと見られ、多くの国で成果を上げているらしい。

「らしい」というのは、私はまったくの素人で知識ゼロだからだ。「動機づけ面接」の専門家からのお叱りや嘲笑を覚悟しつつ勝手に書き進める。「正しい知識」はぜひとも専門書でご確認いただきたい。

先生の話をうかがい、私は「**これを一般コミュニケーションに活用したい！**」と、強引に「職場設定」に場面を置き換えてしまった。「変われないと苦しむ人」が「動機づけ面接」とつながり、「救われる」きっかけにでもなればと思ったからだ。

20代後半の男性社員A君。最近の若者には珍しくヘビースモーカー。仕事中もデスクを離れ喫煙室に行くことがある。そんなときに限って得意先から彼宛ての電話があり、代わりに応対しなくてはならない女性社員から「何とかしてください」と迫られる40代のB課長は弱っていた。

課長としては、A君に喫煙者から非喫煙者に「変化」してもらうのが一番だ。しかし、仕事中さほど頻繁でなければ喫煙室使用は社内規定に違反しているわけではない。「タバコやめろ」とも言いにくい。

B課長「彼にタバコをやめさせる……難しいなあ」

押しつけや「上から」を避けて自発的意思を引き出す

MIは「指示的コミュニケーション」を勧めない。「やめられないか?」というような、イエスかノーかで答えざるを得ない「閉じられた質問」は拒否や反発を招き、むしろ喫煙行動を促進する恐れがある。**白黒、是非を迫らない「開かれた質問」**を強く推奨している。

MIでは穏やかな共感的態度で会話が進む。「仕事が一段落したときのタバコってどんな感じかな」。こんなさりげない問いからすべてが始まる。

この問いの「**語尾を上げない**」**のは**「**大きなポイント**」だ。「たかが語尾」ではない。語尾上げは「質問」ないしは「詰問」と受け取られ、問われた相手をかたくなにし、「変化のチャンス」を逃してしまうという(そもそもやたら語尾を上げるのは「下品」だというのは私の感想)。私が今回参考にした書籍のうち、2017年に刊行された『矯正職員のための動機づけ面接』(公益財団法人矯正協会)付録のDVDでも「語尾上げ会話」はほぼ登場しない。

B課長「仕事が一段落したときのタバコってどんな感じかな」

そして、このさりげない、配慮たっぷりなB課長のひと言がA君の「変化のチャンス」を引き出したのだ!

A君「すえる場所がどんどん減って、やめたい気持ちもありますが、すったあとは仕事がはかどるんですよね」

「すったら(仕事が)はかどるからやめない」と、「変化を嫌う現状維持コメント」とともに「やめたい気持ちもある」と「変化したい気持ち(MIではチェンジトークと呼ばれる)」が表明された!

A君が口にしたこのような**「変化への兆し」をきわめて大事なものとして扱う**のもポイントだ。交わす会話から引き出した「チェンジトーク」を「育てる工夫」が繰り返される。

沢宮先生によれば「変化したい」という「変化につながりそうなフレーズ、チェンジトーク」が出たら「大きくうなずく」ようにし、「変化したくない（変化を避けるためのフレーズ、維持トーク）」には「うなずかない」のが原則だという。**「うなずきには巨大な力がある。うなずきで人をコントロールすることさえできる」**。へらへらうなずけばよいということではないらしい。

「やめたい」「でも、やめられない」という葛藤から、「やめたい」という「チェンジトーク」を増やす方向に「共感のシグナル、共感のコメント」をさりげなく添えていく。この作業を**「聞き返し」**と呼ぶ。単純な「オウム返し的な聞き返し」もあれば、「複雑な聞き返し」を挟み込むことがより「好ましい変化」を生み出すこともある。

いつの間にか進んで「変化」を決断する流れに

B課長「奥さんやお子さんは、タバコ臭くない君が帰宅すると、どんな感じだろうね」

「開かれた質問」でA君の思考はさらに深まり、非喫煙という変化への流れが加速する。ふたりの会話も「チェンジトーク」が「維持トーク」を量的に上回ったら最後の「要約」で、めでたく終了。「変化」をもたらすきっかけとなった最初のチェンジトークはこれだった。

A君「すえる場所がどんどん減って、『やめたい気持ち』もありますが、すったあとは仕事がはかどる（から『やめたくない』）んですよね」

「やめたい」と「やめたくない」という相反する気持ちを述べる形ながら「やめたい気持ちがある」という「変化に向かうチェンジトーク」を引き出せた瞬間、「A君の変化への動機づけ」が一気に深まった。ここで安心して「やめたい気持ちもあるけれど、すった後は仕事もはかどるんですよね」と要約したら台なしだ。

「聞き返しや、ましてや終了の要約では、相手が話した順番にこだわらず、先に『維持トーク（変えたくない気持ち）』、後に『チェンジトーク（変わりたい気持ち）』を原則にする。人は、あとに言われた言葉のほうに強く反応するからです」。沢宮先生はこう言って、さらに続けた。

「変化のためには、ふたつの相反する気持ちの順番と同じぐらい、ふたつを結ぶ『接

続詞』も重要なんです。BUT（しかし）ではなくAND（そして・その一方で）を使う。維持トークも、チェンジトークも相手が発した大事な言葉。BUTで『しかし』と『一方を否定する言い方』はさけること。ANDは一般的には『そして』ですが、『一方で』『それと同時に』と『並列感』を強める表現にもなります」

すなわち要約はこうだ。

B課長「すったあとは（仕事が）はかどる。その一方で会社の仲間、妻や子供のことを考えればやめたい気持ちもあると、（君は）考えている（語尾上げない）」

A君に「変化へのモチベーション」をもたらした「かもしれない」動機づけ面接。日常場面でも試す価値はありそうだ。

〈参考図書〉
『動機づけ面接法の適用を拡大する』（ハル・アーコウィッツ、ヘニー・A・ウェスラ、ウイリアム・R・ミラー、ステファン・ロルニック編／星和書店）／『方法としての動機づけ面接』（原井宏明／岩崎学術出版社）

「変わりたいけど変われない」を変える動機づけ法。

10 テレビ会議で相手を引き込む。しゃべりのプロの会話術

2020年3月半ば、イベント制作会社の知人からこう声をかけられた。

「Ｚｏｏｍ（ズーム）初心者向けの講座に参加しませんか？　無料です！」

「無料」という言葉に弱い私は大いに乗り気だった。

「ぜひ参加させてください！　会場はどこですか？」

尋ねた私に彼は笑いながらこう答えた。

「梶原さんの自宅ですよ」

「はぁ？」

話が見えていない私の戸惑いに追い打ちをかける彼。

「Ｚｏｏｍの操作や対応は、すべてＺｏｏｍを通して教えてくれますから安心してください」

わけのわからないことを言われ「イラッとした」私は、彼のせっかくの誘いを断っ

てしまった。

ところが数日後、ギターの個人レッスンを受けるため通っていた学校から連絡があった。

「新型コロナウイルス感染のリスクを避けるため、次週からＺｏｏｍを使ったオンラインレッスンとさせていただきます」

この通告にあらがうこともできず、私もいよいよ観念した。

「オンラインに慣れておかないと、この先の人生も先細りか。仕方ない……」

世間ではすでにオンライン形式のテレビ会議が急速に増え、それに伴い「会議でのしゃべり方」にも変化が出始めていた。

リアルな対面環境とは異なる、**見た目のフラットなモニター画面上でもしっかり主張や提案を印象づけるトーク術**が求められる時代となっていたのだ。

「公平な画面構成」だから会議が民主化する

テレビ会議システムを使う組織が増えたとはいうものの、参加者の中には戸惑いや違和感を覚える人がいる。

とりわけ、これまで割と会議を取り仕切る立場にあった「ベテラン」の間では、「自分の思い通りに会議を進められない」との焦りやもどかしさを感じる人も、実は少なくないらしい。

リアル会議の「仕切り屋」だった面々がテレビ会議で立ち回りにくさを感じる理由のひとつに、「公平な画面構成」がある。

従来のリアル会議では、職場での役職や立場に応じて、着席ポジションが決まり、発言力が「見える化」されている。会議が始まる前から、すでに決定権のありかが座席レイアウトの形で、無言のうちに示されているような仕組みで、中堅・若手や弱小部署の発言はあらかじめやんわりと封殺されているとも見える。

しかし、テレビ会議では見た目の上で、参加者それぞれに画面スペースが均等に割り振られ、上下関係がわかりにくい形式で進められることが多い。機能面でもさまざまな「制約」がある。音量は一定レベルに調整されていて、仕切り屋がお得意の「大きな声」も、参加者を縮み上がらせる効果が薄い。

参加者が細かく分割表示される形式では、どのメンバーも小さなウィンドウに映るから、ベテランも若手も見た目の面積は同じ。一座を見渡して、威圧的な態度で存在感を誇示するという、歌舞伎の「見得」のような技も役に立たない。

テレビ会議には「雑談が減る」という傾向もあるそうだ。職場ごとに違うだろうが、本来は議題優先であるはずの会議の席でも、リアル会議の冒頭は雑談が多くなりやすい。だが、リアル会議に比べ、テレビ会議ではスムーズに進行しようという意識が働くせいか、事務的な運びになる傾向が強いという。

茶々を入れたり、議論を混ぜっ返したりするような「脱線」は減り、無駄なく淡々と議事が進んでいく。この直線的でストイックな進め方は、議題とまっすぐ向き合った生真面目な意見が受け入れられやすい空気を生む。社内の力学バランスや、諸方面との調整能力に強みを持つ「寝業師」にとっては、アピールの機会が減り、会議支配力がダウンすることにもつながる。

テレビ会議上のやりとりは考えようによっては、表情や音声を伴ってはいても、実質的には文字チャットに近いともいえるだろう。参加者が互いにメッセージを打ち込むテキスト交換形式の場合、**感情交流が減って、論理色が濃くなりやすい**。知的作業として発言が積み重ねられ、発言者個人の人柄や意見のニュアンスよりも、論旨そのものが重んじられる傾向が強まる。

テレビ会議の持つこれらの特質は総じていえば、必ずしも悪いことではなさそうだ。

これまで重鎮や上司の顔色を気にして、発言を手控えていた中堅・若手が伸び伸びと意見を言えるようになるのは、会議の多様性という面でも、貴重な視点を取り込む意味からも望ましいだろう。老練な仕切り屋や寝業師が過剰に幅を利かせるのは、革新的な議論を盛り上げる上では、邪魔になることが多かった。テレビ会議の普及は「会議の民主化」にひと役買っているとも見える。

しゃべりのプロはわざと「噛む」

だが、いいところばかりとは限らない。テレビ会議では雑談や冗談、合いの手などがそぎ落とされる傾向にあり、**やり取りが単調になりがち**だ。冷静な口ぶり、論理的な趣旨などは、洗練された雰囲気を醸し出す半面、ややダイナミズムを欠くところがある。互いの発言機会を尊重し、無理に割り込んだり、発言をさえぎったりしない穏やかで上品な態度も、平坦な議事進行につながりやすい。

ベテランの曲者が出番を減らすと、会議進行はスムーズさを増すことだろう。短時間で結論を得ようとする意識と、きれいに議事を進める態度との相乗効果が働いて、論理的でスマートな主張が勢いを得たり、無難で予定調和な落としどころに着地したりする懸念も残る。

クセのある話術で会議の場をリードしてきた、ひと癖もふた癖もあるベテランたちは、長年の経験に基づく知見をもたらしたり、きれいごとでは済まない社内の意思決定システムをにおわせたりして、会議に深みをもたらしてきた人たちでもある。生産性を期待して、こういう「うるさがた」を遠ざけてしまうと、テレビ会議は多様性を弱めてしまいかねない。テレビ会議の利便性や公平感は保ちつつも、こうした「リアル会議巧者」を取り込む仕組みも、今後のテレビ会議には求められるかもしれない。

テレビ会議がもっと普及していけば、やがてさまざまなノウハウが積み上がって、リアル会議に見劣りしない進め方や発言テクニックが練り上げられていくはずだ。でも、今はまだそこまで至っていないので、**リアル会議で培われてきたスキルを、部分的に生かす**のも、テレビ会議に血を通わせる上で役に立つだろう。

平坦に進みやすいテレビ会議に「抑揚」をつけるには、一種の「破綻」を仕掛ける手がある。具体的には「**つっかえる**」「**言いよどむ**」など、あえてスムーズではないしゃべりを織り込むと、フラットすぎるやり取りを、ほどよく波打たせやすくなる。

テレビ番組やお笑い業界から広まったと見える「噛む」という表現は、うまく口が回らず、言いよどんだり言い間違ったりしてしまうことを指す。一般的には「避けるべきミステーク」と理解されているが、しゃべりのプロフェッショナルたちは技巧として使うことさえある。スラスラ口をついて出る整然とした話しぶりは人間味のない退屈さを感じさせる。**聞き手の関心を引きつけるためのちょっとしたトチリやこなれない物言いは武器になり得る。**

バランスや落ち着きを崩すことで、意外感が生まれ、発言者の言葉に重みが加わる。つつかえや言いよどみのほかに、ボキャブラリーの面でもありきたりではない言葉選びは、適度なサプライズをもたらす。

リモート会議にスケッチブックと極太マジックで大好評

「マネタイズ」「ソリューション」「クライアント」といった、今風の横文字ワードが飛び交う会議であれば、あえて古めかしい漢語や言い回しを選ぶのも一案だ。「マネタイズ」を「金もうけ」や「商売」と置き換えるだけでも、きれいごとのトーンを抜け出せるだろう。

横文字を縦にしたような話しぶりは訴求力を欠き、眠気を誘う。

言葉だけが先行し、人柄をまるで感じられない話への共感は難しい。

共感を得られない話は人の心に留まらない。

せっかく大事な会議で発言の場を得たのにもったいない。

むしろ「濃いめ」の言い回しは発言にニュアンスを添えてくれる。同時に、発言者のキャラクターを際立たせ、フラットな画面のテレビ会議でも、存在感を高める効果を発揮する。少しださめの物言いも、洗練トーク派をたじろがせる武器になり得る。

粗野感やローカル感を「飛び道具」として使う手もなくはない。

運送会社に勤務する若い友人は、以前から会議の席には、必ずスケッチブックと極太のマジックペンを用意して臨むという。

話すだけだと相手が聞き取りにくいと思われるキーワードなどは、その場で文字で示すのだそうだ。会議のほとんどがリモートになった今でも、**この「ダサいやり方」の評判**は上々だという。

リモートはデジタル、と決めつける必要もないらしい。

「たとえ話は無駄話」とは限らない

無言の使い方やテンポの操り方などを総合的に意味する「間」は、しゃべりの最強ツールといえる。繰り返すが、スラスラペラペラよどみなく話すご本人は気持ちがいいかもしれないが、聞かされる側はうんざりだ。**単調なリズムのせいで、内容まで薄っぺらに聞こえてしまう。**

映画や特撮番組で描かれた、ロボットがマシンボイスで発声する場面を思い浮かべてもらえればわかりやすいだろう。共感を得にくい。またプロンプターに映される文字を間違えることなく必死に読んでもなかなか共感を得られないというケースもある。

適度に沈黙（無発声部分）を交えながら、不ぞろいのテンポでしゃべると、人間くささや味わいが増す。上手に間を操れば、聞きやすさがアップする上、聞き手が自然と引き込まれやすくもなる。間はしゃべりの「王さま」なのだ。

提案や意見をとにかく制限時間にぎっしり詰め込もうと力んでしまうと、かえってテンポが平坦になって、貴重な間が失われる。**魅力的なしゃべり方をする人の多くは、**

ゆったりと自分のペースで言葉を発していく。緩急自在が人の心をつかむコツだ。沈黙を織り交ぜながら、類似事例や体験談、たとえ話などの「寄り道」にも誘いつつ、聞き手を巻き込んでいく。

そこまでのレベルをいきなり目指すには及ばないが、「とにかくみんなの時間を無駄にしないよう、効率的に話を進めないと」という**気負いはむしろ逆効果**になりやすい。リモートワークやテレビ会議は生産性を高めるという期待も帯びているようだが、しゃべりに過剰な生産性の期待を持ち込むのは、かえって段取り優先の進行に陥りかねない危うさをはらむ。多くの人が知恵と言葉を持ち寄るのだから、会議もまた適切な自己開示を含めたコミュニケーションの場だということは、テレビ会議がさらに進化しても、忘れないほうがよい気がする。

なんて立派なことを述べているが、Ｚｏｏｍによるギターの個人レッスンは、パソコンの操作とギターの演奏の両立に手こずり、イラッとさせられっぱなしの私なのだ。

緩急自在が人の心をつかむコツ。

知事とピンクのマスク

2020年、新型コロナウイルスが猛威をふるい世界が大きく揺れ動いている。4月7日、安倍晋三首相は改正新型インフルエンザ等対策特別措置法に基づく初の「緊急事態宣言」を発出した。それに先立つ4月3日、東京都の小池百合子知事は、国が宣言を発出した際の都としての対応を定例記者会見で明らかにした。

2020年2月ごろからずっと、日本国中で「新型コロナウイルス感染拡大についての記者会見」が行われている。会見が開かれるとピンポーンとスマホの音が鳴る設定にしているのだが、あまりに頻繁だからスマホのスイッチを切ってしまう今日このごろだ。とはいえ、この日の小池百合子都知事の会見を見逃すわけにはいかないと待ち構えていた。安倍晋三首相の「緊急事態宣言、出し渋り」に苛つく都知事の顔を見てみたいと思ったからだ。

都庁の会見室に登場した都知事の顔は、なんと、その3分の2が淡いピンク色のマスクで覆われていた。「目は口ほどにものを言う」とのことわざ通り、「説得における目の重要性」がしばしば言われるものの、実際には、口元や頬の筋肉での表現も同じぐらい大事。マスク着用のため、それを活用できないのは大きなハンディキャップだった、はずだが……。この日の会見は、マスク着用を逆手にとった実に見事なものだった。

好き嫌いは別として、講演者としての小池都知事のレベルは政治家では5本の指に入ると思っている（あとの4本を言えと言われても、即座に答えられないが）。

プレゼンの名手は声の大小、高低、トーン、間の置き方で聴衆の耳を刺激。一方で、顔の表情、身振り手振り、目に訴えかけるなど多彩な「非言語表現」を用いる。

それに加えて、今回の小池都知事は「コロナ」で大注目のマスクという武器を、徹底的に駆使していた。前述の通り、一般的にマスクを装着しながらのプレゼンは、話し手にとって大きなハンディだ。ところが、小池都知事は「マスク」というネガティブ要素をポジティブに転じる技を見せつけた。

普通、マスクをした人の話はモゴモゴと聞こえにくい。ところが小池都知事の話は、マスク着用を感じさせないほどクリアに聞こえた。

誰もが「マスクをしているのに声が通るなあ、滑舌がいいなあ」と驚いただろう。

そう思わせるために、普段の倍以上のエネルギーを使って、マスクの中の口を大きく開けて話していたはずだ。だからだろう、時折マスクを口からずらし「フーッ」と深呼吸したり、呼吸を整えたりする場面があった。

中盤から後半に及び、マスクに手を入れ顔からずらしたり、引き離したりして話し続ける姿を、かわいそうという同情ではなく、感銘とともに受け止めた人も多かったはずだ。少なくともいつもの「鉄の女」と違い、「ああ、小池さんにもしんどいときはあるのだ」と共感を高めたのではないか。

これを、意図してやっていたとしたら、さすがの〝したたかさ〟だ。

およそ1時間の〝プレゼン〟の中で小池都知事は、都民に向け「不要不急の外出を避ける」ことを訴え、安倍首相が早めに決断することなどを求めていた。その後、「来たるべき5Gの世界」を通してポストコロナの未来を語り、いくつかの記者の質問に答え、会見を終了した。

質問の最後に、会見場のある男性が大声で叫ぶのを歯牙にもかけず、ピンクのマスクをかけたまま、さっさと引き上げる姿に頼もしさを感じた人も多かったことだろう。

第4章

謝罪したのに炎上。「本気度」が疑われるNGワードとは

気配りは使い分けから

1 プラス言葉とマイナス言葉。言葉とはさみは使いよう

最近、「たがが緩んでいた」選手でしたが、コーチに「手綱を締められて」「あわや世界新」という、「目を見張るような」好記録を出しました。

この文章のカギカッコで囲んだ表現のうち、日本語として好ましくないのはどれでしょう?

日曜夜のフジテレビ系で放送していた古舘伊知郎さんの番組「フルタチさん」の人気コーナー「正しい日本語テスト」で出された質問だ。回答者たちが頭を悩ませるなか、見事に正解したのは、フリーアナウンサーの川田裕美さんだった。

『あわや』は一(マイナス)の意味につながる言葉。世界新記録のような+(プラス)言葉にはつながらないから」という解説も的を射ていた。

アナウンサーに限らず「言葉を使って何かを他者に伝えよう」とするとき、心得て

おいて損がないのは**「マイナス言葉とプラス言葉の使い分け」**だ。川田さんの言ったように言葉には「マイナスにつながりやすい言葉」と「プラスにつながりやすい言葉」がある。

「あわや」は一般的に「すんでのところで。危うく」という「望まない、起きてほしくない困った事態」を修飾する言葉だ（『三省堂国語辞典』では「俗」と断りを入れながら「あわやホームラン」の例を示している）。

万一、世界新並みの「目を見張るほどの好記録」を出した選手へのインタビューでお相手が「言葉に保守的な人」だったなら、「あわや、世界新記録でしたね！」との問いかけに声を荒らげたかもしれない。

選手「君は僕の記録を望まなかったのか？」

ちなみに大阪ローカル局で「阪神びいきを売りにする野球中継」なら「あわや」をこんな形で上手に使うことだろう。

アナウンサー「我らがエース藤浪、投げた。DeNA筒香、打った？　まずい……伸びる、曲がれ、曲がれ！　よーし！　左にそれて、ファウル！　あわやホームランという当たりでしたが、助かりました！」

「あわや（あってはならない）の大惨事をしのいだ」というアナウンサーの「公平を欠いた日本語」が阪神ファンの強い共感を呼んだに違いない。逆に、ＤｅＮＡ側からすれば「あわよくばホームランだったのに」とプラスに通じる「あわよくば」がふさわしい場面でもあった。

「残念な事態にポジティブな表現」はリスク大

プラス言葉とマイナス言葉。言葉とはさみは使いようだ。

「言葉にうるさい年長者」を相手にする場合の注意事項を以下に記す。

ひと言で言えば「**ポジティブ場面にはプラス言葉を、ネガティブ場面にはマイナス言葉を**」ということだ。「黒字は○億円を上回る勢い」の「勢い」は「望ましい事態」について述べるプラス言葉だから胸を張ってこう言うべきだ（黒字を支持する立場の場合）。一方で「赤字は△億円」という「望まない方向」を記述するときは「上回る勢い」という「プラス言葉」は使わない。「赤字は△億円に及ぶ懸念」のように「及ぶ」「懸念」という「残念そうなマイナス言葉」で表現するのが一般的だ。

アナウンサー「〇〇市のこの夏の猛暑日は、今日まで連続3週を突破。この天気が明日も続けば、8月の猛暑日の日数は観測史上最多を更新することとなります」

炎暑の夏にこんなニュースが聞こえてきたら、現地の人はさぞや不愉快なことだろう（暑さを歓迎する立場ではない場合）。「最多を更新」という「威勢のよいプラス表現」は、暑さにうんざりする地域住民や、熱中症で悩まされている、深刻でネガティブな事態を耐え忍ぶ人たちから怒りを買っても仕方がない。

地元民「メディアの人は、記録更新がそんなに待ち遠しいのか!?」

熱中症で命の危険にさらされる人々の側に立てば「プラス表現」であおりたてるのは好ましくない。「8月の猛暑日の日数は観測史上最悪となることが心配されます」と、本来は「最悪」「心配」といった「マイナス表現」を使うべき場面だ。

「めっきり」はマイナス言葉、「めきめき」はプラス言葉

そもそも「最多」や「完璧」「見事に」という「プラス言葉」を「ネガティブ事態」に使うことは御法度だ。

アナウンサー「火の勢いは圧倒的で、建物のすべては完璧に、見事に焼け落ちました」

こんな言い方をすれば「おまえは火災を楽しんでいるのか？」と抗議の電話が殺到してもおかしくない。

繰り返す。「ネガティブ事態にはマイナス言葉を」なのだ。

だから、**言葉を口にする前に、それが「プラス言葉か、マイナス言葉か」を感じ取っておく必要がある。**たとえば、「変化がきわだって感じられる様子、目立って」を表す言葉の「めっきり」は「衰えたり減ったりする方向への変化」に使われるケースが多い。

「親父は最近、めっきり老け込んだ」に違和感はないが、「最近めっきり若返った」は何だかしっくりこないという人がいる。反対にポジティブな意味を帯びる「めきめき」と並べてみると、ニュアンスの違いがつかみやすい。気候に関しても、「このところめっきり涼しくなりましたね」と季節が冷たい冬に向かう方向で使うことが多い。

ある地点から別の地点へと移動する意味で使う「転々と」も「嬉々とした感じのプラスでポジティブな様子」より「マイナスでネガティブな悲しさやわびしさ」で用いられるケースが多いようだ。「全国を転々としたあげく、最終的には自首しました」

という感じだ。「転々と」を「ポジティブな場面」では使わないほうが無難ともいえる。「さくさく」と言えば「好評嘖々《さくさく》たるものがある」と「よい評判」のことを言う。音の響きと相まって「プラスでポジティブな場面」がぴったり来る言葉だ。反対に悪評の場合は「悪評ふんぷん」となる。

「こだわりの逸品」や「耳障りのよい音楽」という表現に「引っかかる」と講釈をたれる中高年がいるのも「こだわり＝囚《とら》われ」「障り＝さしつかえ」というマイナス言葉にポジティブ言葉を強引に結びつけたことへの抵抗かもしれない。

言葉を発するその前に「プラス言葉か、マイナス言葉か」をちょっとだけ踏みとどまって考える。そんな何でもないことが「気配り会話」に役立つかもしれない。

言葉を発する前にちょっとだけ踏みとどまる。

2 謝罪したのに炎上。「本気度」が疑われるNGワードとは

自ら勝手に「会見観察人」を名乗り、不定期でブログに記者会見観察記を公開している。締め切りもなく、書けるときに書く、書けないときは書かないという、いい加減な姿勢を貫いたおかげか、まったく書かなかった年を含めれば、6年ほども続いている（その一部は、コラムとして本書に掲載している）。

「会見観察人」として取り上げるのは、主として企業や芸能人の「失態への謝罪会見」だ。「社業がますます盛んで、営業利益もこんなに上がりました、感謝、感謝！」と、関係者一同が笑顔で勢ぞろいという感じの会見よりも、「不祥事のせいで、存亡の危機に追い込まれ、汚名返上を会見にかける、人々の必死さ」に心が引き寄せられる。

会見場で待ち構える「意地悪な記者連中」を前にする、会見の主人公たちにとって、その命運を左右するのは、**持ち前の人柄に加えて、正味のコミュニケーション能力**だ。

人柄は持って生まれたものに加え、長い人生で培ったもので、そう簡単に高めよう

と思って高められるものではない。だが、**コミュニケーション能力のほうはレベルアップの手立てがある。**自らの言葉と態度（言語的・非言語的スキル）を見直し、高めることは不可能ではない。

安易に決まり文句に飛びつかない

ここでいうコミュニケーション能力とは、「スラスラ、ペラペラと話ができる」という能力ではもちろんなく、「言語、非言語を用い、上手に意思疎通を図る力」を意味する。記者会見の場合は現場の記者に加え、メディアを通じて内容に触れる視聴者・読者がコミュニケーション相手になる。要するに、「**場面や相手に応じ、その時点でもっともふさわしい言葉と感情表現を選択する能力**」が求められる。もちろん、これは会見に限らず日常での謝罪でも同様だ。

その観点から言えば、まずは、その辺に転がっている「常套句」にうっかり飛びつかないことだ。失言を避けようと、第一声を「誰もが口にする謝罪の定番言葉」に頼り切るのは避けたい。現場の記者だけでなく、会見をテレビやネットで見ている人に「コイツの謝罪はマニュアル通りか」と失望を与えてしまい、信頼感を得にくくなるからだ。

たとえば、会見の切り出しをこんな感じで始めるのは避けたいものだ。

「このたびは世間をお騒がせすることとなり、大変申し訳ございませんでした」

直立不動で発言した後、深々と頭を下げ、5～6秒で元に戻す。そつのない謝罪ではあるが、心に残るとも思えない。そつのなさがかえって反発を招くことさえあるかもしれない。

言葉選びにも問題が残る。この言い方では、謝る理由が「世間を騒がせたという事実」になっていて、騒がせたもともとの原因には謝罪の意思を示していないと見える。

「世間って、なんだ？　真っ先に謝るべき相手は、被害を受けた消費者じゃないか。お騒がせっていうけれど、私たちは単に騒いでいるわけじゃない。怒ってるんだよ！」

このような反発を買うリスクは小さくない。つまり、**この決まり文句は「謝っていない」**のだ。

型通りの「定番」的表現は、会場の記者や、メディアを通じて見ている人たちに、謝罪当事者が示す誠意のレベルや真剣味に関して、不信感を与える恐れがある。その意味からいえば、「ご迷惑とご心配をおかけして～」という決まり文句も、謝罪会見では避けるべきだろう。

「ご迷惑」をかけたことはその通りだからいいとして、「ご心配」はどうか。事態を本気で「心配」するのは、直接の利害関係が生じる企業や、所属する事務所、熱心なファンなど、謝罪者の身内ぐらいのものかもしれない。「ご心配」を口にしてしまうと、「誰に向かって謝っているのか」という、別の批判を呼び覚ましかねない。

「ご迷惑とご心配」をワンセットの決まり文句と思い込まず、ケース・バイ・ケースで言葉を吟味して使うのが、余計な非難を避けるためのコミュニケーション能力だとも言えそうだ。

「条件付きおわび」は人を苛立たせる

謝罪する際、決して言ってはならないのは「〜だったとしたら、おわびしたい」という**「条件付きおわび」**だ。「もし、不愉快に感じた方がいれば、誠に申し訳ない」といった形でしばしば耳にする。まるで不愉快に感じる人が例外的で、「そんなデリケートな人がいるのか」と疑念を差し挟むかのような物言いだ。「小さいことをガタガタ言い立てなさんな」と言いたげな雰囲気も漂う。

しかし、実際には大勢が不愉快に感じたから、騒ぎになったのだろう。謝罪会見を開かざるを得ないところまで追い詰められた側が**「謝罪に条件を付ける」という態度を、「不適切だ」「不遜だ」と感じる人も多い。**

一般論としていえば、余計な条件を付けずに、潔く謝ってしまうほうが好感を得やすい。「本心では悪いと思っていないのでは」「謝りたくなさそう」と見えてしまうのは、「謝り損」になりかねない。

「～だったとしたら」との「条件付き謝罪表現」と同じぐらい**評判が悪いのが「とはいえ」だ。**

「とはいえ」(とはいうものの)は「先行の事柄に反したり矛盾したりする事柄を述べるときに用いる」(『精選版　日本国語大辞典　物書堂アプリ版』から引用)。

逃げ口上としての「とはいえ」は、「我々は誠心誠意ベストを尽くした」と思いっ切り自己正当化をアピールしておきながら、その後を、先行する態度とは異なる「他者への憐憫」にすり替えるケースでの使用が時々見られる。たとえば、こんな具合だ。

「私どもといたしましては、危機管理に万全を期したつもりでございます。とはいえ、今回の事態に納得できず、苦しんでおられる方などもいらっしゃるとうかがい、私どもといたしましては、なんとも、お気の毒で、胸が詰まる思いでございます」

話の前段で「自分は正しい」と主張したその口で、後段では「他人事」にして「実は良い人」をアピールしようとのたくらみが透けて見える。

小技を利かせたつもりが裏目に出る場合が少なくないので、謝罪の場での「とはいえ」の使用はお勧めしかねる。

謝罪会見を成功させるには、これらの言い訳めいた物言いを避けて、事実関係を明らかにした上で、謝罪すべきポイントに関して、率直に謝るのが効果的だと見える。その際に大事なのは、誠実な態度が伝わる語彙選択や表情、振る舞いだ。これらは謝罪を受け入れる側や、会見を視聴している人とのコミュニケーションに寄与する期待が大きい。

丁寧である必要はあるが、達者で流暢であるには及ばない。むしろ、過剰なまでにこなれた言動は、時にコミュニケーションを阻害する要因となり得る。結婚式のプロ司会者が見せるような、職業的スキルとも映る「立て板に水」的な話運びはかえって鼻につく場合がある。

記者会見を開くほどの重大な謝罪の機会はそうそうあるものではない。いや、あってはならないだろう。それだからこそ、**謝罪の言動は、こなれすぎていると、奇妙な見え具合になる。**ここで「うまさ」は求められていない。むしろ、つっかえつっかえで、とつとつとしたぐらいのほうが、聞く側の気持ちになじみやすい。

あのボロボロ状態での謝罪会見はなぜ心を打ったか

「よどみなく」「ハキハキ」といった答え方は、ポジティブな趣旨の会見では雰囲気にふさわしい。しかし、謝罪会見の場合、質問が終わらないうちから、間を空けずに即答したり、演説口調の長広舌を披露したりというのは、違和感を招きやすい。

まるで想定問答に沿っているかのように、テンポよく語る応じ方や、質問に質問で切り返していくディベート調の問答も、「巧みすぎる」という反発を買いがちだ。

「事情を説明する」という、会見の本来的な役割からいえば、「立て板に水」であって悪いわけではない。だが、**聞く側の感情はささくれ立つ。**こうした対応を見せた会見に関して、テレビのワイドショーではコメンテーターたちが「気持ちがこもっていない」「シナリオ通り」「事件と向き合っている感じがない」「言葉が軽い」といった酷評を浴びせるケースが多い。ネットでも同様の反応が起きやすい。

私の周りの「会見観察仲間うち」では、謝罪に流暢とか達者は不要というより、「かえって妨げになる」という声が多数派だ。こういう会見ウオッチャーの批判的なまなざしを織り込んで、あえてへたで不慣れな見え具合の「演技」を盛り込む会見術はあざといといえるが、大勢から同情や理解を得るためには、そちらのほうがまだ効果的かもしれない。

では、どんな謝罪会見が「成功例」と呼べるのか。

評価やランク付けは難しいが、「仲間」の多くが「謝罪の鑑」と位置づけるのは、今から20年以上前の1997年11月24日、自主廃業に臨んで山一證券の最後の社長となった野澤正平さんが謝罪のマイクを握った、あの記者会見だ。

「私らが悪いんであって、社員は悪くありませんから！」

汗と涙で顔をくしゃくしゃにして、声を震わせながら山一廃業のいきさつを語った、いわば「ボロボロの記者会見」。だが、あれほど心に響くものは、いまだかつてないというのだ。

あのフレーズばかりが取り上げられることが多いが、実はあの発言には続きがある。「どうか社員の皆さんに応援をしてやってください。お願いします」と訴えたのだ。私には、失職した社員の雇用への協力を要請したように聞こえた。突然、社員を路頭に迷わせてしまう「ふがいない社長」の悔しさや申し訳なさ、無力感などがないまぜになった、魂の叫びともいえる「謝罪」だった。「経営悪」を一身に引き取った点でも、見事な謝罪といえるだろう。

あの瞬間に「計算」はなかった。社長の体面をとりつくろうそぶりもなく、「素」だった。無難でも、達者でも、流暢でもない言葉にこそ、真のコミュニケーション能力が潜んでいるのかもしれない。

謝罪の場で流暢さは無用。

3 事務所かオフィスか。対人関係は〝語感力〟を有効活用せよ

「タイで拘束された62歳の日本人の女が日本へ強制送還」というニュースが報じられてほどないころ、私は久々に顔を合わせた「日本語オタク仲間」と「ワイドショーネタ」で盛り上がっていた。主なテーマは「女」と「女性」の使い分けだ。

梶原「例の事件をまったく知らない人でも、『日本人の女』と聞いただけで、ああ、この人が容疑者なんだって、わかっちゃう。日本語って、すごいよね」

仲間A「『女』なら容疑者、『女性』なら被害者というのは、メディアで一般的な使い分け。この62歳があの人と知らなくても、『女』という呼び方だけで、大半の人がこの人の立場を理解できる。『女』なら容疑者、『女性』なら被害者って、放送局にマニュアルあるんですか？」

梶原「在職中はそういうの見た記憶ないねえ（昔のことだし）」

A「福岡市で発生した現金3億8000万円とかいわれる強盗事件。奪われたのは『若

い男性』で、犯行グループは『男たち』と、これもしっかり『容疑者＝男、被害者＝男性』。わかりやすいなあ」

梶原「『新明解』を誰かスマートフォン（以下スマホ）で検索できない？」

Ａ「はい、『新明解』はこちらで出しました！（スマホを見せつつ）『女』と『女性』は辞書的にも明確に異なる語釈が示されていますね。『女性的』という項目では『やさしさ・美しさ・包容力などを備えたりしていて、女性と呼ばれるにふさわしい様子』だとある」

7つの国語辞典アプリをダウンロードしている「辞書フェチ」のＡさんが指をちょこちょこ動かして検索を続けながら言う。

Ａ「ところが、『女』に関する説明は『女性』とはニュアンスが大きく違いますね。『一人前に成熟した～』『正式な妻以外の、愛人としての女性。情婦～』って、いきなり『悪っぽい』の空気が漂ってくるでしょ？」

Ａさんはスマホの画像が消えないよう、画面をまめにタッチしながら私たちに見せようと必死だ。負けず嫌いのＢさんが別の辞書を引っ張り出してきた。

辞書に見る「女」と「女性」のニュアンス差

B『明鏡』の第二版こそ、女性と女の違いをズバリひと言で言い当てていると思います。ほら、ここ」

いい年したおっさんたちが小さな画面に二度、三度と身を乗り出す光景は、周りからどう見えただろうか？

B『女性』は成人した女子に（ついて）言い、『女』よりも上品で穏やかな語感を伴うとあります。逆から言えば『女』の語感は下品で、穏やかじゃないってこと？」

自称38歳と年齢を大きく偽り、被害者たちに高額の資金を違法に出資させたという疑いが持たれている容疑者の「ダークなイメージ」が浮かび上がってくる。

私はBさんが『明鏡』から引用した「語感」という言葉にひかれた。我々が「女」「男」＝容疑者、「女性」「男性」＝被害者と即座に結びつけてしまったのは「語感の力」に理由があったのではないか？

B「そうね、我々も**意味というより、語感で判断することがあるよねぇ**」

C「『新明解』によれば、語感とは、語句を聞いて感じる感覚的な印象？　聞いた人の気持ちにしみこむ言葉ってことですかねえ」

コミュニケーションにおいて「言葉の意味、話の筋道、論理的な展開」が大事なのはその通り。とはいえ、話し手の思っている以上に、聞き手は話し手の発する「語感」に反応することがあるのもこれまた事実だ。

「女」「男」対「女性」「男性」の違いを我々が共有できた秘密は「語感」にあったのかもしれない。その「語感力」を我々が今後、日常的なコミュニケーションで有効活用することはできるのだろうか？

語感を意識して微妙な使い分けを

「語感」と言って、すぐに思い出すのは『日本語の「語感」練習帖』（ＰＨＰ研究所）の著者でもある中村明早稲田大学名誉教授だ。以下は、私が同書から抜粋して手を加え、我流に整理したものだ（本物をぜひお読みください）。

私たちは（１）「意味のちがい」だけでなく、（２）「語感のちがい（微細な感覚のちがい）による言葉の使い分け」にも神経を使ってきた。

（１）は「論理的な情報」、（２）は、話す相手の伝える感触・印象・雰囲気など「心理的情報＝語感」にあたる。（1）に加えて（2）の語感を意識し、その微妙なニュアンスを感じ取るセンスを研ぎ澄ますことは、他者理解を深め、自分自身をよりよく表現することにもつながる。

これまた勝手に解釈すると、以下のようにも言えそうだ。

我々は、**意味理解を学習しながら、さまざまな言葉についての語感をも嗅覚のように身につけてきた**。その一例が「女」と「女性」で、それぞれの言葉から別々のイメージを感じ取る感性だ。

「事務所にうかがいましょうか？」と「オフィスにうかがいましょうか？」。事務所か、オフィスか。どちらを選択するかの判断は各自の「語感」による。お客さまをお招きする作業場にぴったりする語感は「工房」か、それとも「アトリエ」か。

取引先と「〇〇でもいかがですか？」という誘いの「〇〇」に入れる上で、もっとも適切な語感を醸し出すのは「飯」か「ご飯」か「ランチ」か。自分の家族のことを軽く紹介するときにふさわしい語感を持つのは「妻」「うちの奥さん」「かみさん」「ヨメ」のどれだろう。

A「類語辞典、ダウンロードしようかな」
B「僕は『日本語大シソーラス』をスマホに取り込む！」
C「やっぱ、中村先生の『日本語　語感の辞典』、買おうっと」
私もCさんにならい、先生の本を手に入れた。「タイで拘束された日本人の女」のおかげで「日本語オタク」の間では、空前の「語感ブーム」が巻き起こった。

人は「語感力」も駆使してコミュニケーションしている。

4 冠婚葬祭のお約束。忌み言葉に潜む「赤っ恥地雷」

社会人ともなると、友人や知人の結婚披露宴に出席する機会も増えるだろう。いそいそ出掛ける人もいれば、「あーあ」とため息をつき、暗い顔をして当日を迎える人だっているはずだ。

人前が苦手なのに、友人代表のスピーチや司会進行をと、とんでもないことを要請された人はさぞや憂鬱な日々を過ごすことだろう。「嫌なものは断れ」と言うのは簡単だが、浮き世の義理でそうもいかないときがある。

「職場仲間の披露宴ぐらいならなんとかなりそうだ」と甘く考えてはならない。新郎が「将来の出世のために」と、苦手な上司から、普段あまり接点のない職場の偉いさんまで招待していることがわかり、真っ青になったが、時すでに遅しといったケースだっててある。

忌み言葉回避に四苦八苦

切羽詰まった若者が手にした「指南書」がさらに追い詰める。たとえば「忌み言葉を避けよ」という教えは実用的である半面、言葉選びを難しくさせてしまう（以下の例示、引用では、本節の最後に挙げた複数の冠婚葬祭関連の書籍を参考にした）。

忌み言葉とは、結婚生活のめでたさを打ち消すような「別れ」のイメージにつながる「切る、割れる、離れる、辞める、終わる、帰る、戻る、冷める」などのほか、「再び、重ね重ね、またまた、再三再四」など「再婚」を想起させるものを含む。ケーキは常に「入刀」であり、「カット」や「切った」は使えない。新婦は結婚を機に会社を「辞める」のではなく、職場を「去る、離れる」のでもない。「新しい人生のスタート」を「切る」のではなく、「人生をスタートさせる」。忌み言葉を徹底的に回避することを求められる。

来賓への言葉にも、注意が必要だ。「どうぞお料理は冷めないうちにお召し上がりください」ではなく「熱いうちに、温かいうちに」。「これから鏡割りです」ではなく「鏡開き」。「そろそろ終了のお時間」ではなく「お開き」。外への誘導も「出口へお進みください」ではなく、「お開き口へ」となる。最初から最後まで気が抜けない。

公式な場面に不慣れな身にとっては、これだけでいっぱいいっぱいになりそうだ。

しかし、**面倒な「変換作業」はこれだけでは済まされない**というのだから大変だ。

セレモニー向きの「言葉格上げ」も面倒

「日常の言葉遣いを、より格調の高い、かしこまった表現にせよ」というのも、話者にプレッシャーを与える。たとえば、こういうことだ。

「今日はおめでとうございます」という「日常語」をやめにして、「本日《ほんじつ》はおめでとうございます」と、めでたい場面では「今日↓本日」のように、言葉をより丁重な方向にシフトさせることを迫られる。

「昨日」も「きのう」ではなく「さくじつ」、「一昨日」は「おととい」ではなく「いっさくじつ」と、「常日ごろより一段、格調高い語彙選択」が求められる。言うまでもないが「さっき」ではなく「さきほど」、「あとで」ではなく「のちほど」と言わないと、「口のきき方も知らないで」とあきれられる可能性もある。

「変換を速やかに行え」と無理強いされた若者が、四苦八苦する様子が目に浮かぶ。

蛇足だが、今、使用した「四苦八苦」という表現も、「めでたい席」では「最上級の忌み言葉＝タブー語」のひとつとされているらしい。「苦」という、「めでたさに反する語感」を持つ字が二度も繰り返されていることが理由だ。さらに、「四苦」は「49」という「忌み数字」にもつながるとの声もあるようだ。

こういう言葉遣いに加え、話す内容についての注文も、若者を「披露宴嫌い」に追い込んでいる節がある。たとえば新婦側友人がスピーチで、こう話し始めたとしよう。

友人「新婦の陽葵《ひまり》さん、ご結婚おめでとうございます。ここからはいつものように〝ヒマリン〟と呼ばせてくださいね。ヒマリン、おめでとう。よかったね」

よそよそしさを一瞬にして親しさに変える工夫が感じられるだけに、「頑張っているなあ」と温かいまなざしで見てあげたいが、一部の大人の中にはあからさまに顔をしかめる者がいて、傷つく人がいると聞いた。個人的で親しげな呼びかけそのものを、「くだけすぎている」「不謹慎」ととらえる人もいるようだから、面倒くさい。ただ、「おめでたごと」にはもう少し大らかでもいい気がする。

そんな結婚披露宴におけるコミュニケーションと、葬儀のそれは表面的に見れば、かなり異なる。最大の違いは「**言語的表現で伝えることの多い結婚披露宴**」対「**非言語の動作で、気持ちをシェアすることが中心の葬儀」という構図だ。

葬儀の場では非言語コミュニケーション優先

一般的な指南書には葬儀場で遺族と交わす言葉として、いくつものサンプルや手本が示されている。「誠にご愁傷さまです」「この度は突然のことで、信じられない気持ちで一杯です」「残念なことで、ただ呆然とするばかりです」「驚きと戸惑いで、お慰めの言葉もございません」などが主な例だろう。

ところが、結婚披露宴のような「おめでたごと」と異なり、葬儀に代表される「悲しみごと」ではその文言を「クリアーな滑舌で発声する」「聞き手である、喪主、遺族に近づいて述べる」「意図を明瞭に伝える」というのはむしろタブーだ。

では、どうするのか？　「遺族に近づき声をかけるより、多忙な喪主に気遣い、遠くから目礼を」「取り込み中の喪主には、哀しみを分かち合う気持ち（しぐさ）で、言葉は慎む」。これらが指南書の教えだ。

「お悔やみを述べる」という「言葉のコミュニケーション」より「遺族の気持ちを察する、表情、態度などの非言語コミュニケーションを優先すべし」という説明が添えられることが多い。**結婚披露宴では「いかに話すか」に重点が置かれる一方、葬儀では「いかに話さないか」が重要**だというわけだ。

葬儀場で避けるべきポイントとしては、「死因を尋ねない」「死因についての情報交換をしない」「通夜の席で会った知人、友人と話を弾ませない」「長居をしない」といった注意点が挙げられる。指南書の記述は「葬儀では非言語で気持ちをシェアすることを重視せよ」という教えで貫かれている。

もちろん、葬儀にも「忌み言葉」はある。「不幸の再来」を思わせる「重々」「再び」「返す返す」などの「重ね言葉」は禁物だ。死を直接表す「死亡」「死んだ」などは避けよとも言われる。むしろ「声にしない」「言葉にしない態度」を心がけるべきだと説く。だと言うのに……。ここで私が今でも後悔している失敗談をお話ししよう。

お世話になった方の葬儀で、なぜか若造の私が諸先輩に混じって「お別れの言葉」を述べることになった。世間知らずな私は、それが「弔辞という厳かな儀式」であるとの認識に欠けていた。無知で非常識な私は、まるで結婚披露宴の「友人代表のスピーチ」のように、故人と最初に出会い、生まれて初めてふぐを食べさせてもらったエピソードを、滔々《とうとう》と、オチまでつけて語ってしまった。

話し始めてすぐに、参列者たちの怪訝な様子を見て「あれ？　ひょっとして、自分は、なにかマズいこと言ってるのかな」と不安が募ってきた。とはいえ、いきなりカットアウトすることもできず、何が何だかしどろもどろになりながら、最後は強引に「どうか安らかにお眠りください」を「お過ごしください」と言って、逃げるようにその場を退いた苦い経験がある。

非常識きわまりない私が言えた義理ではないが、**「婚」では「型破り」が許されても、「葬」では「型どおり」で「無難」なパターン**をしっかり頭と身体に叩き込んでから参列すべきだったと、今でも悔いが残っている。

結婚と葬儀は一見、対照的だが、いずれも人生にとって、きわめて重要な営みであるだけに、「よりよいコミュニケーションのありよう」を少しだけ確認しておきたい。

〈参考図書〉
『しっかり役立つあいさつ・スピーチ』（すぴーち工房／法研）／『冠婚葬祭とマナー大事典』（成美堂出版編集部編／成美堂出版）／『冠婚葬祭すぐ使える実用事典』（主婦と生活社）／『絵で見る冠婚葬祭大事典』（三省堂編修所編／三省堂）

祝儀ではいかに話すか、不祝儀ではいかに話さないか。

5 やっかいで面倒くさい人は なぜ「彼」と呼ばれる？

ある勉強会で知り合った仲間との忘年会が10年ほど続いている。年齢は20代から60代まで、職業もバラバラで利害関係ゼロだから、お互い言いたい放題が実に心地よい。「年に一度の憂さ晴らし」としては最高の舞台となっている。昨年は気がつけば「**やっかいで面倒くさい人たち**」の話題で大いに盛り上がった。

某区役所の福祉関係部局で働く28歳の男性が話し始めた。

仲間A「うちは乳児から高齢者に至るまで、毎年多くの啓発イベントを任されているんです。告知ポスターも試行錯誤しながら自分たちでつくります。ところが、それに必ずいちゃもんをつける、まったく関係ない部署の係長がいるんですよ。『そんなんで人集まるの？　君んとこの上長は、それでOK出しちゃうんだ。あれ？　ポスターの真ん中にでーんとあるハートマークの真ん中に〈ラブ〉って文字を入れちゃうセンスってどこから出て来ちゃうわけ？』。こうねちねち言うから、『区長直々の提案ですが』って返したら、すーっといなくなりました。ああいう人って何なんですかねえ」

何にでも「ひと言いいたい人」というのはいるものだ。

B「人を不愉快にすることに生きがいを感じる人って、結構いるんですよ！」

そう言ったのは40代半ばの代理店勤務の男性だ。

具体的な指摘が一切ないネガティブ反応野郎

B「私がまだ若いころですがね。某有名企業さんから依頼を受けてキャンペーン企画を出したんですよ。若いと言ったってこっちもプロですから、周到な準備と自信を持って提出するわけです。それをベースにスポンサーさんから忌憚のない意見、注文、ご指導をいただきながら、さらにより良い企画に仕上げたいと思っていたんです。先輩からも『クライアントのダメ出しは大歓迎との姿勢で臨め』と言われていましたから。ところがその担当者からはそういう具体的な指摘が一切ないんです」

人を〝不愉快にする〟気配が漂ってきた。一体どんな反応をその担当者は示したのだろうか？

B「企画書を見るなり『え？　えー？　これ？（驚）……ふう（深いため息↓落胆↓

舌打ち）あー……ふはぁー（両腕で頭抱える）……このレベルか（肩を落としうなだれる）やっぱ……やめときゃ（デスクに突っ伏す。泣いているのか？）……信じられない』。ひたすらネガティブで大げさすぎる絶望的なため息が聞こえてくるんです。最後に『今回は無しということで……』って、これ見よがしの失望ポーズで部屋を出て、そのまま二度と再び姿を見せない。なんだか自分は、とんでもないミスを犯してしまったらしいが、何をどう間違ったのかがわからない。自分の存在そのものを全否定された感じで、ヒドいショックを受けて会社に帰ったら、『ああ、あの人はいつもそうだから気にするな』だって。最初から言っておいてよって感じですよね、ハハハ……」

結局、多少の修正でその企画は通ったのだそうだ。

世の中にはこんなふうに「面倒くさい人」が少なくないと教えてもらったことは、その後の彼にとって決してマイナスではなかったと話を結んでいた。まあ、そうとでも考えないとやりきれない思いだったのだろう。

名前を口にするのさえ嫌

忘年会は「嫌な人・遭遇体験自慢」の様相を呈してきた。「ならば私も」と、先日お目にかかった、経営コンサルタントの方からうかがったお話を紹介することにした。

梶原「2代目経営者には、優れた人もいれば、そうでない人もいるんだね。後者のケースなんだけど……」

忘年会参加者は、私を含めみんなサラリーマンやたたき上げの自営業者ばかりだから、「2代目経営者」と聞けばなんとなく「憧れの存在」。それだけに「優れていない2代目」という話に皆が身を乗り出してきたのを感じた。

梶原「某社の『2代目経営者候補』は、幼いころからエリート教育を受け、一流大学を卒業後、東京の一流大企業で勤務した後、創業者であるお父さんの経営する、東京ではない地方のそんなに大きくもない会社に『社長候補』として帰ってきたんだそうです。超一流大企業に比べると『若さま』の目には、**会社も、社員もすべて『幼稚』に映ったらしい。**大事なお父さまが築き上げた会社を『幼稚』はないよねえ」

ここからさらに「嫌な人」遭遇自慢のアクセルを踏む……。

梶原「その愚かな2代目は自分の能力を棚に上げ、『社員のレベルが低い！　人材がいない！』と、社員を見下すばかり。あろうことか、この彼が実際に後継社長の座に就いたから大変。新社長は社員の声には一切耳を貸さず、会議は一方的な指示・命令伝達の場と化した。自分より社歴の長い年上部下たちは、仕方なくメモをとる振りをする。私は、どこかの国の暴君を思い浮かべましたねえ……」

一同「ほうほう、なるほど！」

梶原「で、社員は自分の頭で考えることを放棄し始める。社業は急速に衰える。まるでテレビドラマに出て来そうな『愚かな2代目』。社長は社員のことを『君・あんた・おまえ』呼ばわりする。社員たちだって、面と向かうときこそ『社長』と、一応立てた言い方をするけれど、陰では『彼のやり方は納得できない』などと『彼呼ばわり』したらしい。**『彼』と、よそよそしく呼ばれる社長に、人望があるわけがない**よねえ？

優秀な社員はひとり抜け、ふたり抜け……『彼の会社』に未来はなさそうでしょう？」

C「やっかいで面倒くさい人って、言われてみれば、みんな『彼』と呼ばれる気がする。面倒くさい人の名前を口にするのさえ嫌だって気持ち、わかるなあ……」

この日参加の紅一点、キャリアコンサルタントとして活躍するCさんがしみじみと語ったところで、その年の忘年会はめでたく、お開きとなった。

あなたは大丈夫？「彼」に人望はない。

第5章

「言葉知らず」は言い間違えよりダメージが大きい

〝コミュ力〟を上げるテク

1 CAが機内で見せた六変化。言葉より伝わる表情の威力

「2019 ユーキャン新語・流行語大賞」に「笑わない男」がノミネートされたことをご記憶の方もいるだろう。ラグビー日本代表の大躍進に熱狂したのはもちろんだが、代表メンバーのひとり、稲垣啓太選手の「笑わない（笑顔を見せない）」というキャラクターにも注目が集まった。

近年、アスリートはトークも達者で、いつでもテレビのバラエティータレントとして活躍できそうな選手も珍しくない。だからこそ、稲垣選手のような「ゲーム中も、そしてゲームを離れても、決して笑顔を見せない姿勢」がユニークで、強いインパクトを放つこととなったに違いない。

稲垣選手の「笑わない顔」は、大仏さまのような深遠さや慈悲深さを醸し出し、その魅力を大いに高めた。「笑わない男」と名付けたメディアが今は「笑顔の瞬間」を撮影しようと稲垣選手を追いかけ回しているが、もう少し「笑わない男の魅力」を愛《め》

でていたいという気持ちも湧いてくる。

笑顔は自然に相手の心を開く

「笑わない」がこれほどポジティブに言われたのは高倉健さん以来かもしれない。人々は稲垣選手のたぐいまれな集中力、突破力に加え、彼が実際にはユーモアやサービス精神をも兼ね備えていると感じればこそ、好感を持って受け止めるのだろう。

言うまでもないが、コミュニケーションやソーシャルスキルに関する書籍では、「笑顔」は、「他人に対して『あなたに会えてよかった』『あなたに心を開いています』『あなたに関心があります』『あなたが必要です』など、好意を伝える前向きなメッセージだ」と伝えている。本書でも笑顔の効用はたびたび説いてきた。逆に「笑わない」は、「他者に『あなたには心を閉ざしています』『あなたを受け入れたくありません』など、相手を拒むメッセージを伝える」といわれる。

一般的に笑顔をはじめとする**「非言語表現」は、「言葉による表現」以上に威力を発揮することがしばしば**だ。そのことを強く実感させられたのは、東京に帰る飛行機の機内でのことだった。

CAが機内で見せた「表情六変化」

座席の上にあるスピーカーから聞こえてくる機長さんのコメントが何かの拍子で、急に大音量で聞こえてきた。周囲の人たちも「あれ？」という表情を見せた。

とっさに私は目の前を通りかけたキャビンアテンダント（以下CA）さんに向かって手を上げた。すると、彼女は機敏に駆け寄ってくださった（もてなしの表情で）。

CA「何かご不便をおかけしておりますでしょうか？」（心配気な表情）

梶原「いや、スピーカーの音量がちょっと」

CA「すぐに確認して参ります、少々お待ちください」（毅然とした表情）

即座に機内電話のあるところに走り、手際よくダイヤルをプッシュし、大きくうなずきを入れながら責任者と会話を交わした様子だ。

10秒もしないうちにアナウンスの音量は正常となったところでCAさんが戻ってきた。

CA「いかがでしょう?」(気遣う表情)
梶原「いやあ、どうも、どうも。音量、戻りました!」
CA「ご迷惑をおかけしまして」(恐縮と安堵の表情)

笑顔を取り戻したCAさんが席に戻った。彼女はわずかなやり取りで「**もてなし・心配・毅然・気遣い・恐縮・安堵**」と、少なくとも6つの「**場面に応じた表情で伝える非言語表現**」を駆使して対応していた。

機内はエンジン音が伝わり、言葉を聞き取りにくい空間だ。「言葉」と同じぐらいに「表情」で伝えるコミュニケーションが重要なことを改めて教えられた。

こしらえたような「つくり笑顔」は逆効果

ラジオ局の新人アナウンサー時代に苦労したのも「言葉以外の表情で伝える技術」だった。入社当時、仕事のメインは放送ではなく、百貨店屋上でのイベントの司会だった。人前が苦手な私は、緊張のあまり、怒ったような表情をしていたらしい。

先輩からはこう叱られた。「おまえ、暗い。もっと楽しそうな顔ができないの?

顔の表情はおまえの責任だ」。その後、「さまざまな感情を、言葉だけでなく、顔の表情で伝える技」を獲得するまでには、結構な苦労と訓練を必要とした。

単に「笑えばよい」というものではない。笑顔を見せる場面やタイミングによってはつくり笑いだと受け止められがちだ。「バカにしている」「なめている」と、ネガティブな印象を与えてしまうことだってある。**「笑う」「笑わない」の使いこなしには、思ったよりも時間と手間がかかるらしい。**

年齢を重ねるごとに男性は笑えなくなる？

「笑う」を巧みに使いこなす術は、女性のほうが長けていると思う。たとえば、新年会や同窓会、忘年会の場。同じ故郷で、同じ学び舎《や》で、同じ職場で過ごした、懐かしい顔が久々に会って近況を伝え合い、昔話で盛り上がる。ところがまもなく、男女で微妙な差が生まれてくる。

女性陣は周囲の状況をこまめにチェック。男性参加者から何度も聞かされた昔話にも上手に反応し、時には大笑いしてくれる。その間も音楽のボリューム調整や暖房の効き具合などに抜かりはない。女性同士が目と目を交わすコミュニケーションで、気配りを働かせている。彼女たちの笑顔の気働き抜きでは、こういう席は成立しにくい。

最後に集合写真を撮ってお開きとなるが、後ほど送られてくる写真を見れば彼女たちはとびっきりの笑顔なのに対し、男性参加者の多くは楽しいのか、悲しいのか判然としない、微妙な空気を漂わせている。「女性のデフォルト（標準の状態）は笑顔、男性のデフォルトは無表情」と聞いたことがあるが、その通りだと感じる。

ヒーロー、稲垣選手は「笑わない男」だが、年齢を重ねた男性は次第に「笑えない男」になってしまったのかもしれない。

笑いの使いこなしを意識する。

2 「いらっしゃいませ！」。店舗のチームワークは第一声ですぐわかる

「飲食店は、入店した瞬間で良しあしが判断できる」

こう豪語するのは氏家秀太さん。これまで多様な飲食店のプロデュースに携わったフードコンサルタントだ。先日ラジオ番組でお話をうかがった。

梶原「具体的には何を基準に良しあしが判断できるんですか？」

氏家「『いらっしゃいませ！』という、お出迎えのあいさつです」

当たり前すぎるお答えにがっかりした。「あいさつが大事、出迎える心を言葉に乗せて笑顔でお伝えできているかどうかで、いい店かどうかがわかります」なんて話は、今さら聞きたくもない。

ところがそれが、私の早とちりだとすぐに気がついた。そして「なるほど！　納得」と感心してしまった。

氏家「いい店、悪い店を見分けるには、**来客を案内するスタッフの『いらっしゃいま**

せ！』のひと言に、他のスタッフたちがどう反応しているのかをチェックしてください！　しっかり聞き取っているのか、いないのか」

梶原「？……」

氏家「『いらっしゃいませ！』という言葉はスタッフからお客さまへと向けられるのと同時に、スタッフから他のスタッフにも向けられています。これこそが、スタッフがその後、どう行動したらよりよいサービスを提供できるのか、そのための情報を伝達する〝合図〟なのです」

梶原「？……」

「いらっしゃいませ！」はスタッフ間の裏メッセージ

氏家「店の入り口でお客さまを出迎えたスタッフ以外の、カウンターの向こうで調理する人、皿を洗う人、料理を運んでいる人、レジで会計する人など、店内で働く他のすべてのスタッフが、『いらっしゃいませ！』という言葉を耳にした瞬間、仕事の手を止め、立ち止まり、声の聞こえた方向に目をやり、お客さまの様子をしっかり見て状況を把握した上で、『いらっしゃいませ！』とお声がけしたのか。手を動かしながら、歩きながら『いらっしゃいませー』とおざなりに声を出しただけなのか。前者がお薦めの店、後者があまりお薦めしたくない店です」
梶原「ほお……？」
氏家「最初にお客さまを出迎えたスタッフが、その方のすべての面倒を見られるというわけでもありません。ご家族でお見えだ、お仲間を引き連れておいでだという場合、ひとりでは手に余ります。仲間の助けが必要な事態の発生もありうることです。そういう状況が、『いらっしゃいませ！』の声が聞こえた方向に目をやることで見えてくるというわけです。**『いらっしゃいませ！』は、『誰か手の空いている人、助けて』という〝裏メッセージ〟**ともなります」
梶原「なるほど……」
氏家「小さい子供連れへの接客なら、手の空いている者が、ささっと動いて、チャイルドチェアを素早く運ぶほうが、お店としては合理的ですよね。介助が必要なお年寄りがいらっしゃれば、別のスタッフがすっと駆け寄り、お手伝いすることだってできますでしょ？」
梶原「気の利いた店は、そういうふうに暗号を送り合っているんですねえ……」

氏家「飲食店ではお金を払うお客さまが主人公です。店のドアを開けた瞬間、お客さまの物語がスタートするのだともいえます。物語の主人公をむやみに待たせたり、退屈させてはならないと思うんです。『いらっしゃいませ！』というグリーティング（接客業界のもてなし用語）は、お客さまにより快適に楽しんでいただくため、スタッフが協働するのに必須な情報を伝え合う**合図であり、暗号**なのです」

「グリーティング」コールを聞き逃してはいけない

梶原「合図が聞けない、暗号が解読できないスタッフばかりの店があまり好ましくないという感じ、わかります！」

氏家「これ以外に、たとえば『少々お待ちください』というグリーティングでも同じことが言えます。スタッフがお客さまから声をかけられたが、別の仕事で手が離せず今すぐ自分には対応できない。そういう場面で『少々お待ちください』というグリーティングが使われます。もちろん、まずはお客さまに向けての謝罪の言葉としてですが、それは同時に自分以外のすべてのスタッフへの緊急コールという裏メッセージでもあるのです」

梶原「このコールをスタッフが、聞き逃してはいけないんですね？」
氏家「そうです！　コールをキャッチしたスタッフのうち、対応可能な人が即座にお客さまの元に急行する。このグリーティングの〝裏にある意味〟をスタッフ全員が共有することで意思疎通の円滑化が図られ、サービスはよりスムーズに進行していく、というわけです」
梶原「『少々お待ちください』という〝緊急コール〟を、スタッフにスルーされたらうまくない……」
氏家「スルーされたら、仕方なく『○○さん、お客さまご案内お願いしますね』とか『××さん、こちらのお客さまのお会計、私の代わりにお願いできますか』などという指示をお客さまの聞こえるところで出すしかなくなります。こんなお店で、いいサービスが期待できます？」
梶原「確かに！　手いっぱいでできないってことを思いっ切り白状しているように聞こえますね。客に店側の混乱や慌てぶりが生々しく伝わる。そういう事態を防ぐためには、簡潔なグリーティングで、スタッフ同士が暗号を交わし合い、裏メッセージを解読し合って、何事もなかったように仕事を進めるほうが、気が利いているかもしれません……」

氏家「**グリーティング以外の指示が頻繁に飛び交うのは残念なお店、**かもしれません」

なるほど納得だ。とはいえ、グリーティングという、いわば接客マニュアルが万能か、といえばそんなこともない。

適切に使うグリーティングは接客を円滑にする半面、不適切に乱発すると「ダメなマニュアル対応」だと非難される。「される」などと他人事のようだが、さんざっぱら「マニュアル対応」を非難してきたのは、実はこの私だ。

働く若者たちも大変なんだ……

かつて私は、某古書店が「やまびこ作戦」と称し、客が入店するたび、店の若いスタッフが客を一顧だにせず、仕事の手を休めることもなく「♪いらっしゃいませ……こんばんはー♪」と、変な調子をつけ、大声で歌い上げたり怒鳴ったりを繰り返したことへの違和感を指摘したことがあった。あれは今考えてもヘンテコだった。

当時いろいろな人に「なぜだろう?」と聞いて回った答えは、「万引き防止のための威嚇作戦」「士気を鼓舞する」「眠気防止」「経営者の趣味」とさまざまだった。

十分に検証することはできなかったが「働く若者たちも大変なんだ……」、そう感じて以来、「文句をつける」ことを控えるようになった。

あれから数年。我が家の近所のあの系列のお店、今ではすっかり洗練されて、一般書店と変わらない様子だ。夜遅く店の前を通っても、スタッフの大声が聞こえてくることはない。若者たちの労働条件が改善されたのなら幸いだ。

この5年ほど、私が働く若者たちにぐっと共感的になったのは、大学で20歳前後の学生と接する機会が増えたからかもしれない。

彼らの何割かが飲食店でアルバイトしていると聞く。私の講義では居眠りすることもあるが、仕事の現場では頼もしく働いているらしい。「グリーティングの技」なんかも結構上手に使っているのかもしれない。

「グリーティング」はスタッフ間の秘密の暗号。

3 "自分の声"を味方につける。音読で声のメンテナンス

「人前で話をするのが苦手だ」と訴える大学生や若いビジネスパーソンに「音読」を勧めてきた。苦手意識を訴える人の多くが「文章を声に出して伝える経験不足からくる困難」を抱えていると感じたからだ。

音読は「会話体験が少なく、しゃべりがおっくうという人をサポートするサプリメント」というのが私の認識だ。ビジネスコーチが教える「結論から述べよ。適宜、聞き手に問いかけよ。インパクトのある数字を提示せよ」はいずれも「その通り」だと思うが、それを超えて「自分の声で自分をコントロールしながら伝えられているかどうか」がきわめて重要だ。

打ち合わせ、会議、プレゼンテーションなどで求められるのは、話の組み立ての前に「発話（声出し）能力」だ。場面にふさわしい適切な声量、高低、スピード、間合いなどを会得することが**「口頭コミュニケーション」のポイント**となる。

それゆえ、声の調子、話しぶりなど、「自身の発話状態」を客観的に知っておくことが求められる。**「これぐらいのトーン、この程度の音量が相手の耳に心地よく、的確に届く」と体感しておく**と、他者の会話にすんなり溶け込める。これが不十分だと、違和感を持たれ、その後の会話がスムーズに進まない。

自分の声を手なずける近道＝音読の繰り返し

自分の声で自分をコントロールする「体感」を獲得する上で、もっとも簡単で効果的な方法が「音読」だ。アナウンサーの卵たちは、徹底的な音読訓練を受け、「自分の声」と向き合うこととなる。

アナウンサーに限らず、我々の世代は当たり前のようにこの訓練を小中学生時代に受けていた。国語の授業にあった「音読の時間」だ。

「音読」とは、「(文章を)声を出して読むこと」、対義語は「黙読」。一方で「朗読」となると、「読み方を工夫して趣あるように読むこと(『広辞苑』による)」。

学校教育で音読の機会が減る傾向に

私のような無粋な人間には朗読は不向きでストレスと感じられるが、音読なら声出しの気持ちよさに勝手に酔いしれても誰にも叱られない。学校の授業での音読を思い出して、『『ひとり読み』はドキドキしたけれど、クラス全員で声をそろえて読み上げる『一斉読み』はそれなりに楽しかった」と、懐かしく感じる人もいるだろう。

「ところがですねえ、今は、かつてほど、音読教育が熱心に行われているとは言えないんです。小学校3年生を過ぎるころから、より多くの教材を、黙読して、素早く読みこなすニーズが高まっています。特に受験に熱心な『良い学校』になればなるほど、できるだけ短時間でより多くの試験問題に正解する能力を鍛えようとする傾向にあります。黙読というより、瞬読ですね」

こうおっしゃるのは『心とカラダを整える おとなのための1分音読』(自由国民社)の著者、大東文化大学の山口謠司先生だ。山口先生は「**目は賢いけれど、うそをつく**」と、あえて強い表現を使い、「黙読の『危険な側面』」を語った。

山口「黙読でさっさと読み飛ばしても、漢字は表意文字ですから、大抵、意味は想像できます。『一矢を報いる』の『一矢』が目に飛び込んできた瞬間、黙読で『いちや』と読んでいたからといって、誰かが誤りを指摘するなんてことはありません。逆に言えば、『それを言うなら、〝いっしをむくいる〟じゃない？』と突っ込んでもらえないから、新たな知識を獲得するチャンスを逃したともいえます」

梶原「踏襲を『ふしゅう』、云々を『でんでん』など、黙読なら誤読でもスルーしてもらえますが、かつて公の場で声に出して言った麻生太郎元首相、安倍晋三首相はこんなささいな誤読で、『一国のリーダーとしていかがなものか？』と非難されましたね（正しくは『とうしゅう』『うんぬん』）」

山口「『所謂』の読みを、本来の『いわゆる』ではなく、『しょせん』だと信じて疑わない人がいますが、音読していれば修正できていたかもしれませんね」

たかが「誤読」ともいえるが、世の中には、ちょっとした漢字の読み間違えで、知性、教養、仕事の能力から、果てはその人生観にまで「疑問符を付ける人」がいるから困ったものだ。「そんな面倒くさい相手とは、顔をつき合わせ、肉声でやり取りするのは一切やめましょう」というわけには、当分、いかない。

仕事の事務連絡は、電話に代わりSNSやチャットツールなどのテキスト情報へ移行しつつあるが、「大事な交渉事」「人事採用面接」を「フェイス・トゥ・フェイスをやめて、テキストベースのみで」と考える人はまだ少数派だろう。

となれば、「あの人の話しぶりは誠実な感じがする」とか、「言葉の切れのよさがスマートさを醸し出している」「会話に入り込んでくる間合いが絶妙」「難しい漢字をよく知っていて頭がよさそう」などという**「アナログな非言語情報」は、まだしばらく貴ばれる**はずだ。

音読トレーニングが「とっさの声出し」につながる

「音読」という「泥臭いトレーニング」を通じて「音声伝達能力を高める需要」が減じるのは、だいぶ先のことになりそうだ。その音読が持つ、黙読にはない、意外なメリットについて医師の森田豊さんが書いている（以下は大意、要約）。

①音読することで気持ちを落ち着かせる神経伝達物質、セロトニンが多く分泌される
②音読は脳の前頭葉を刺激し、やる気を高める。情報を取り込むインプットと、声にして出すアウトプットの「両面攻撃」で脳を活性化
③大きな声を出すことで、ストレスホルモンを減らす

こういった「さまざまな効果が期待される」と述べている。難しいことはわからないが、「声」には思った以上のパワーがありそうだ。

これまで、ラジオのスタジオから、生の電話でさまざまな人と話す機会があった。時々「あれ、いつもと違うかな?」と、わずかな変化を感じた相手が、それからしばらく経って、体調を崩したというニュースをテレビや新聞で知るという経験が意外にある。顔が見えなくとも、いや見えないからなおのこと、**声からはいろいろなことが見えてくる**のかもしれない。

「音読」で声のメンテナンスをしておくことは、身を守ることにもつながる。ラッシュアワーの駅通路で肩がぶつかった相手に、「あ、ごめんなさい」と、とっさに声が出せれば、「その後の災い」は防ぎやすいだろう。しかし、発話体験が乏しいからか、声より先に「ムッとした表情」で反応して、その後、もみ合う現場を何度か目撃した。

「とっさの声出し」を可能にするためにも、「黙読」より「音読」が役に立ちそうだ。

「声」には思った以上のパワーがある。

4 「言葉知らず」は言い間違えよりダメージが大きい

『語彙力がないまま社会人になってしまった人へ』（ワニブックス）。書店でこのタイトルを見て、ちょっとビビったビジネスパーソンがいるかもしれない。はるか昔に社会人となった私でさえ「私のこと?」と、つい書店で手に取って、ページをめくってしまった。

著者は、前項でも登場の大東文化大学の山口謠司先生。山口先生とは「顔見知り?」「顔なじみ?」（早くも語彙選択に苦しむ私……）だ。連絡したらラジオのスタジオに来てくださった。

山口「大学で以前教えた学生が出版社に就職。自らの心境をそのまま本にしたいと、私のところへ10年ぶりでやって来たのが、この本のきっかけでした」

梶原「出版社に就職したぐらいだから、もともと優れた語彙力を持っていたんじゃないですか?」

山口「そのはずですが、社会人として求められる高度なレベルの語彙力にはまるで手が届かないと、本人は悔いたようです。そこで、同じように感じる読者に届く本を出版したいと」

こうして出来上がったこの本のごく一部を加工して抜き書きする。まず伝わってくるのは「語彙力不足の恐怖」だ。

「『頭が悪い』と『語彙力がない』はイコールだ」

「仕事の力量云々（「でんでん」じゃないですよ……）以前の語彙力であなたの評価が決まってしまう」

「『代替案《だいたい》を考える』と言うべきところで『だいがえ案を考える』と言う語彙力のない人は、『コイツで大丈夫か？』と、相手を不安に陥れる」

「語彙力の多少が思考の多様性と思慮の深さ、配慮のあるなしを決定づける」

「語彙力がないまま社会人になった人」のひとりとして「その通り」とうなずきながら、ため息が出た。

若き私の〝炎上〟エピソード

「語彙力がないままアナウンサーになってしまった私」は「えらい目」にあってきた。かつて「語い」を「ごい」ではなく「かたらい（語らい）」と読んでしまう「事故」をやらかしたのだ（「彙」ではなく「い」と、ひらがな表記だったのが災いした）。

梶原「今『かたらい力』が注目されています。〇〇町では地元青年団が中心となって、『かたらい力・向上運動』が始まりました。講師に招かれたのは……」

新米アナウンサーは「語い」＝「語らい」＝「語り合うコミュニケーション」だと信じて疑わなかった。「日本人は会話が苦手だから、そういう語らいを学ぶ試みは素晴らしい」なんてね。詳細は省くが、「クビになるかもしれない」と思った。

深く反省した割にはそのすぐ後に「老朽化したモルタルアパートの火災で」の「ろうきゅうか」を「ろうこうか」とニュースで読み、局に抗議のお電話をたんと頂戴することとなった。

電話の主「火災という悲惨な災害で不謹慎！　被害にあった人たちを軽んじるから、

そういう間違いを平気で垂れ流す！　バカを番組から降ろせ」今で言うなら「炎上」だ。一度口に出したこの「あやまち」の「消火」も困難を極めた。**「語彙不足」は「うっかりの言い間違い」よりずっと深刻な事態を引き起こしかねない。**

山口「社会人になる前、受験や入学後のゼミやクラブ活動や就職活動などを通じて語彙を仕入れた学生だっているでしょう。そういう人でも、多くは世間に出て3年も経って『こんなものか』と人生をなめてしまえば、語彙力はたちまち細る。**実際に25歳前後から語彙の取得数が極端に下がる**現実がある」

なぜ言葉のレパートリーは25歳から減り始める？

25歳を過ぎた「大人」に「その言葉遣いは違う」とダメ出ししてくれる先輩、上司もめっきり減った。「語彙力不足」を注意することは「家庭環境から知的レベル、人格までをも否定するパワハラ行為」という認識が広がっている。こうしたシビアな現状に気がつかぬまま、仲間同士で「あるある！」「エモい！」「いいね！」を乱発し合うような「空気を読むだけの上っ面会話」で「無難な人生」を送る連中が、実は「一番無難でない人生」を呼び込んでしまうらしい。

山口先生の著作が「極端だ」なんてことはまるでない。2016年に発売されてベストセラーになった『語彙力を鍛える』（光文社新書）の著者の石黒圭先生も書籍冒頭でこう記している。

「語彙力と頭の良さとが関係があるのは、経験的に知られていることです」

「廉価をケンカと読んだり出納をシュツノウと読んだりするのを聞いたら、相手のビジネスパーソンは、成立しかけていた取引を控えたくなるのではないでしょうか」

「人間の思考力を規定するのは言語力であり、言語力の基礎になる部分は語彙力に支えられています」

今日からできる語彙力を伸ばすカンタンな方法

梶原「山口先生！　じゃあ、どうすれば語彙力を伸ばすことができるんですか？」

山口「**新聞を声に出して読む**ことです」

梶原「はあ……？」

山口「明治のころ、それなりの家庭には、他人の家で家事を手伝いながら学校に通う

『書生』と呼ばれる若い男性がいました。彼らの役目のひとつは、配達された新聞を家族のそろった食卓で読み上げること。夏目漱石の連載小説なんかは人気で、子供たちも自然に豊富な語彙を吸収していき、彼らがその後の日本の発展に寄与しました。もちろん読み聞かせる側の語彙を豊かにする上でも、大きな力になるんですよ」

山口先生は、現代日本語の成り立ちに貢献した、明治時代の国語学者、上田万年の研究者だから説得力がある。物は試しで、この本も音読を……ってしないか。漱石じゃないし。

ボキャブラリーを増やすには新聞の音読。

5 「聞けないバカ」だった私が学んだ他人の話を聞く秘訣

恥ずかしながらまたも私の失敗談から始めよう。

私が新人アナウンサーとして1年ほど研修を経たころの話だ。新人の登竜門とも言えるラジオカー（移動中継車）の中継を担当。自分としてはまあまあの出来で、意気揚々と局に戻ったとき、先輩から言われたのが次の言葉だった。

「おまえが勝手にひとりではしゃぐばかりで、肝心の、鉄工場で汗を流す人たちの生の声が全然聞こえてこないじゃないか！　マイクは自分じゃなくて取材させていただくお客さんに向けろ！」

経験不足のアナウンサーはおおむね「他人の話を聞けない」というが、私は少々重症だった。以来、**アナウンサーの仕事とは「しゃべる仕事」というより「聞く仕事」**

という事実を思い知らされる日々が今まで続いている。

「人の話を聞かないと大きくなれない」

「話を聞くこと」は人が思う以上に難しい。福祉関係の法人を運営する、私の親友も同じことを言っていた。

友人「仕事の9割が人の話を聞くことだなんて、ここを始める前は夢にも思わなかった。社協（社会福祉協議会）さんをはじめ、行政、職員、ボランティアさん、お預かりしているメンバーさん、そのご家族、地域の皆さん。それぞれの人がそれぞれの立場から話したいことがたくさんある。そこに耳を傾けることなしで私の事業は成り立たない」

10年ほど前にまったく別の分野から福祉の仕事に参入した彼はしみじみ話すのだ。

友人「一度、うちの施設に来てみろ。誰かの前で大きくうなずきながら人の話を聞いている俺がいるから。梶原は今でも、適当にベラベラしゃべってんじゃないの？　人の話を聞かないと大きくなれないぜ」

人の話を上手に聞く5つのコツ

「人の話が聞けないやつは出世ができない」。これはビジネスパーソンにこそ当てはまることらしい。では、「人の話を上手に聞く秘訣やコツは、どこにあるのか?」。この謎を解くべく、「聞けないバカの私」を振り返ってみた。

コツ① 興味、関心、好奇心を持つ

30年以上前の話で恐縮だが、テレビ朝日に「プレステージ」という深夜番組があった。トレンド、ファッション、スポーツ、政治などそれぞれのカテゴリーをワンテーマ、平日に3時間生放送でディスカッションするという、「朝まで生テレビ!」の姉妹番組的存在だった。

私の担当した木曜深夜は「テロ・スパイ・民族紛争・は虫類・天変地異・心霊」など、要するに「ちょっと変わった分野」に特化したものだった。そしてその分野に関する私の興味・関心が最初からあったと言ったらウソになる。むしろまるで興味なんかなかった。たとえば、ケネディ米大統領暗殺機密文書、スペイン国内の独立運動と

テロ、世界の蛇大集合など、私の人生において直接的には何ら関係のない話題。予算の都合もあり、テレビなのに、映像素材はほぼゼロ。専門家、研究者との生討論だけで3時間盛り上げるという、ちょっと信じがたい構成だった。

梶原「私、何を話せばいいわけ?」

テレビ局担当者「梶さんが上手に専門家の話を聞き出さないと番組はつぶれる。責任、取れる?」

よくわからない脅し文句を追いかけるようにして、分厚い参考文献が毎週、段ボールで我が家に送り付けられた。まじめだけが取り柄の私はひたすら読み込んだ。読書量が増えるにつれ、面白さがついてきた。面白くなってくると、もっと知りたくなる。毎週、一番知りたくなったタイミングで、オタクな研究者のトークバトルに参加。生放送の「聞き役」としては、それなりの任務が果たせたかもしれない。「聞けないバカな私」は「にわかづくりの興味、関心、好奇心」で救われた。

コツ② 正直になる

こんなことを聞いたら、そんなことも知らないバカだと思われる。差し障りのない

「世間相場的」コメントで「そこそこの自分」を見せてごまかしておこうといった態度では、「聞ける人」にはなれそうにない。

「バカにされたくない」なんてゆるいことを言っているうちは人の話は聞けないものだ。

むしろ「自分は無知だ、アホだ、だからこそ知りたい」ぐらいに、好奇心をあらわにして知りたい気持ちに素直になることも「聞ける人」への道ではないか。

相手がすでに知っている内容をあえてしゃべりたがる人は少ない。「私を軽んじているんですか、そんな初歩的なことはもういいんです」と言われたくはないものだ。

しかし、知らない点にほっかむりをして、自分を過大に見せていると、本来は教えてもらえるはずだった話も飛ばす形になり、結果的に自分が損をしてしまう。

「自分なりにわかってはいるつもりなんですが、あやふやな感じもあるので、今さらで恐縮ですが、ちょっとさかのぼってお聞きしてもよろしいでしょうか」と言えれば、相手から話を引き出しやすくなるだろう。

コツ③ いい格好をしない

周囲にいい格好をしたいと考えてしまうと、言葉やしぐさを飾ってしまいがちになる。自然と失敗談や本音はしゃべりにくくなる。でも、自慢話やナルシスト的行動は鼻につく。過去のうっかりやミステークを赤裸々に語る「しくじり先生」という番組が受けたのは、そこにその人らしさが出るからだろう。

私が過去に書いた本でも「**まずは『ドジな話』をしなさい**」と勧めている。聞き手との間にヒューマンな雰囲気が生まれ、会話の心理的ハードルが下がるからだ。

気取った物言いの人との間ではいつまでも緊張感が続く。「かっこつけて聞けない人」は遠ざけられる。**気取っていていいことなんてなさそう**だ。

コツ④ 自分勝手に決めつけない

常に話し相手と興味や関心を共有できるわけではない。でも、年齢や性別、立場が異なっていても、話が盛り上がることは珍しくない。それは目の前の相手から興味深い話題を引き出し、その話題に自分の話をかぶせて、さらに相手の言葉を引き出していけるからだ。その場合、相手のことをもっと知りたいという気持ちが欠かせない。

大げさに言えば、**「人間」が好きかどうか**だ。

相手本人に関心を持てないと、会話の糸口を探し出そうとする取り組みに熱が入りにくい。逆に、「人間」が好きで、知り合いを増やしたい、この人から面白い話を聞きたいというモチベーションさえあれば、かなりのケースで話は盛り上がるはずだ。

現在に至るまで、ラジオのゲストに招いて話を聞いた人だけでも、おそらく5000人は下らない。年齢、性別、国籍、職業などの面で実にバラエティーの豊かな人たちと、40分から50分ほど会話を楽しんだ。呼んでおいて生ぬるいことを聞くほうがかえって失礼だから、**聞きたいことは「本気でどんどん」聞いていく。**

一時、逆風にさらされた「渦中の人」ばかりを招く、その名も「風のスタジオ」というラジオの生放送を担当していた。そこには「悪女」だ「悪党」だと世間からバッシングを受けた人も珍しくなく、ラジオ局の玄関前にワイドショーのカメラクルーが押しかけてくることもしばしばだった。そんな切迫した状況でも、多くの人は淡々と話を聞かせてくれた。

波瀾万丈の人生のただ中にある人と、ごく平凡な人生を送る私に、これといった接点などありもしないが、虚心坦懐《きょしんたんかい》に話を聞けば、思わぬ言葉が胸に刺さったりもした。そんなわけで、話を聞かせてもらったすべての人の中で「こんな奴に聞かなきゃよかった」という人間の顔はまるで浮かんでこない。「嫌だ、怖い、感じ悪い」と自分勝手に相手を決めつけ、自分の都合で相手を遠ざけるなんてもったいない。進んでわかろうとしないで、遠巻きにするだけだと、人の話は聞こえてこない気がする。

コツ⑤ ターゲットに集中する

元会議通訳者から英語レッスンを受けたことがある。きついダメ出しを食うのは、私の実力からすればごく当然だが、いい体験だった。

彼が口頭で伝える日本語を、聞き終わった直後に英語で伝え返すという課題。「必要ならメモをとってもいい」と言うので、必死で日本語・英語ミックスで書き殴るうちに大混乱に陥って「あれ? 何の話だっけ?」。たった今、目の前で読み上げられたばかりの日本文のほぼすべてが頭からすっ飛んだ。

通訳「まあ、初心者によくあることです。メモがとれなかったから、うまく訳せなかったと嘆く人がいますが、メモは目的ではなく、記録の手段にすぎません。日本語を英語にする場合は、日本文全体の意味するところをリテンション（保持）する。はずせない数字や出来事を最小限に記す。集中するべきターゲットは日本語そのものです。集中力が散漫だと、人の話は聞けません。梶原さんがご希望なら、まず日本語を日本語のまま聞き取ることからやりましょうか？」

「人の話を聞けないバカの私」を反省材料にすれば、他人の話を上手に聞くコツは5つのほかにもまだまだ見つかりそうだ。

「興味、関心、好奇心」を忘れない！

6 ほめ上手への近道。あざとく聞こえにくい「ぽつり式」

本書の最後に、「ほめる」ことに関して、第3章に続き考えてみよう。「ほめる」行為は円滑なコミュニケーションの大事な要素になるからだ。

先日、担当するラジオの生放送で「ほめるのが得意?　苦手?」とアンケートを採ったら、**「ほめるのも、ほめられるのも苦手」**という声が大勢だった。実に納得できる結果だと思った。

思えば、我々日本人は伝統的にほめられるのが苦手だった。「ほめる」という行為の裏側には「怪しいたくらみ」が潜んでいると警戒する心理が根強くあるからだ。ストレートなポジティブ表現そのものにも慣れていない。米国のテレビドラマによくある「ハニー、あなたはなんてステキなの!」的なほめ方には、居心地の悪さを感じてしまいがちだ。

ほめられた際に「いやいや、とんでもない」「過分のおほめ」と否定しないと、「謙虚さが足りない」「厚顔無恥」と思われかねない空気は今でもある。ほめられることを素直に受け入れるのは、つつしみが足りない態度だと見なされてしまうのだ。こうした気風は、日本でほめの表現術が成熟するのを邪魔した可能性がある。

一方で現代のSNS上では、「ほめる」の反対にあたるニュアンスを帯びた動詞「けなす」がますます幅をきかせている。ツイッターではスキャンダルや不祥事のたびに炎上が相次ぎ、どんな出来事にもまずは文句をつけたがる人が見受けられる。

「ほめる」＝「安易なお追従」で、「けなす」＝「批評的で知的なコメント」と勘違いする人がいるらしい。

ほめる心得を説く本も多いけれど……

斜に構えたトーンでくさすのが、一段上のポジションを示し、「カッコいい態度」と誤解される傾向は昔からあった。ほめた対象が後になって、評判を落とすような事態に至っても、最初にけなしておけば責任をとらなくて済むから、「安全策」としてまずは難癖をつけておこうという考え方もあるだろう。けなすことは割と容易だが、ほめるのは難しいと感じる人が増えているのかもしれない。

こうした「けなし派優勢」の状況を、「これはまずい！」と感じたのか、ほめることの意義や心得を真剣に説いてくれる書籍やネット記事が増えている。それらには、たとえばこんな感じの「ほめの極意」が示されている。

「相手の承認欲求を満たしつつ気持ちを込めてほめる」
「相手が本当に大切に思っていることを自分も大切に思いながらほめる」
「信頼関係の構築を念頭に共感的な文脈でほめる」
「相手のほめられたい、心の声に耳をすまし、思いを込めてほめる」
「上っ面ではなく、資質や能力など人間性全般をほめる」

なるほどと思える教えもあるが、「こういう方法で、本当にうまくほめられるのかなぁ」と、疑問に感じるところもある。

自分に置き換えてみると、巧みな技で、ご丁寧にほめ上げてもらっても、必ずしもうれしい気持ちが倍増したりはしない気がする。冷静な分析に基づく「ほめ言葉選び」は、相手が素直な気持ちを感じ取りにくいのが欠点だ。要するに「うますぎる」のだ。

相手の表情が自然にほころぶ「間接的」なほめ方

表情がほころび、心がポッとあたたかくなるのは、「自然なひと言」のほうだろう。文章として整えられていない、単語レベルの表現であっても、絶妙のタイミングで、口を突いて出たかのような、計算抜きの言葉がうれしい。逆に、狙い澄ましたような「ほめテクニック」の活用は、かえって裏を勘繰りたくさせてしまう。

ほめるのが苦手な人は、「軽々しいおべんちゃら」と思われるのを避けたいという気持ちがありそうだ。相手におもねる態度や、おだてる物言いと受け取られたくない気持ちは理解できる。社長でもないのに、街角で「社長、これからいかがです」と、呼び込みに声をかけられて、「俺も社長と呼ばれるまでになったか」と気分がよくなる人もそうはいないだろう。

相手の人柄や業績をダイレクトにほめるのはなかなかハードルが高い。でも、間接的にほめるのは、少し気が楽だ。たとえば、相手が連れている犬に向かって「あら、かわいいワンちゃんですねぇ。きれいな毛並みで、リード（引きひも）もステキ」と話しかけるのは、飼い主と目を合わせなくてもできる。

対人ではない「対犬」のほめアプローチだが、経験上でいえば、飼い主は喜ぶことが多い。ほめやすく喜ばれやすい点では割のいいほめ方だろう。

持ち物や服なども間接的なほめターゲットに使える。ただ、ブランド物を「お高いんでしょう」などとほめると、ややいやらしくなる。相手が「気づいてもらえて、うれしい」と感じそうな品を見つけて、「あ、吉田カバン」といった程度にとどめるほうが、お世辞っぽく聞こえにくくなる。シンプルで短い言葉を、笑顔で口にするといった程度で、まずは十分だ。

適度に本人から距離のある対象を選ぶと、本人度が薄まる分、「計算」のにおいが出にくくなる。持ち物や趣味、出身地、好物なども本人とイコールではないが、それなりに大切にしている場合はほめターゲットになり得るだろう。

反対に、体型に代表される「本人との同一性が高い事柄」は、見合わせたほうが得策だ。相手が踏み込まれたくない場合もあり、やぶへびになりかねない。

ほめるのが苦手な人も試しやすい「ぽつり式」

間接的という意味では、別の人を経由したほめ方もある。**「○○さんがほめていま**

したよ、先日の件を」といった具合に、その場にいない第三者がほめていたという事実を、メッセンジャー的に伝える方法だ。自分は伝えただけという格好なので、ほめ表現に客観性が備わる。

目の前で当人をほめると、「自分に気を遣って、大げさにほめているのだろう」と、割り引かれてしまいがちだが、その場にいない第三者の場合、真水の評価だと受け止めてもらいやすい。

「気の利いたことを、真正面から言う」というのは、不慣れな人には「高望み」のようにも思える。とりあえずは背伸びを避け、**「あ、○○（品物名）」ぐらいを、ぽつりと言う**ぐらいがちょうどよい気がする。むしろ、相手が喜んでくれそうな「ほめどころ」を探すことに注意を振り向けるほうが結果的にプラスではなかろうか。「あ」のほかに**「おっ」「おや」「ほう」**などのバリエーションも使える。

この「ぽつり式」も、実はそれなりの訓練が必要だ。気づいてすぐ声に出すという流れは、日ごろから試していないと、つい口ごもってしまいがちだ。だから、私自身、街を歩いていても、家々のたたずまい、車庫の車、そのナンバー、電信柱の広告、雲の様子など、さまざまな対象について、「ああいいなあ、すてきだなあ」と前向きにとらえ、**「すごい、さすが、いいなあ」**という文脈で口にするという訓練を続けている。気づきから発声までをスムーズにこなすには、スッと口に出す習慣づけが効果的なのだ。

相手をほめているうちに、自分もハッピーになる

あら探しの末、ケチをつけるのは、誰でも容易で、あまり苦労しない。ひがみやうらやましさをぶつけるだけで済む。気持ちに任せて、直感的に言葉が口から出る。しかし、「よいところさがし」には訓練が必要だ。見つけたほめどころを、スムーズに声に出すのにもいくらかの準備が求められる。そうはいっても、散歩しながら「おや、面白い看板」「あら、早起きの学生さん」などとつぶやくだけで十分だ。

私の見るところ、年齢を重ねた男性はこういう自然体のほめ方が苦手だ。そもそも上手にほめてもらった経験が少ないからかもしれない。

逆に、犬の散歩で出会う年配女性はこちらの連れている犬に気づいた瞬間、「まぁ、かわいい」「あら、元気」と、ほめワードがスムーズに飛び出し、そのクイックレスポンスに驚かされる。文章にまとまっていない、単語の羅列であることも多いが、そ

れで構わない。**飾っていない分、むしろこちらの心に届く。**

ほめるという行為は、主に相手の気分をよくするのが目的だと思われがちだ。しかし、**相手をほめているうちに、自分も気分がよくなる**ことは珍しくない。相手ばかりか、自分もハッピーになれるのなら、こんないい話はない。ほめるために相手をよく観察し、ほめどころを探すプロセスも、相手を知る手がかりになり、コミュニケーションを深くしてくれそうだ。

「ほめるのも、ほめられるのも苦手」という気持ちが「儀礼的、うそくさい、計算高い」といった疑いに由来するのであれば、「あ、〇〇（品物名）」式の簡素化は、形が素っ気ないからこそ、たくらみ感を遠ざける効果が期待できる。ほめターゲットを見つけるだけという、手軽な使い方も、出番を増やしてくれるだろう。

こんなすごいほめ方を編み出した私を、誰かほめてくれないだろうか。

「ほめ」で相手も自分もハッピーになろう。

イチロー選手は記者会見でもMVPをとった!

２０１９年３月21日、大リーグ・マリナーズのイチロー選手は東京ドームで行われたアスレチックスとの一戦に先発出場。４打数無安打。８回裏、交代が告げられベンチに下がるイチローに観衆は大きな拍手を送り、チームメイトは彼を抱擁で迎えた。試合終了後に開かれた記者会見でイチローは現役引退を表明。

試合後の85分にわたる会見を見ながら思わず「よ！　日本一！」と、叫んでしまった。正しくは「よ！　世界一！」と言うべきだったとあとで反省。

テレビはもとより、朝日新聞を含む一般紙の多くが朝刊に続いて夕刊でも１面トップ。イチロー前面押しで「フィーバー（懐かしい）」している。

もちろん「あのイチロー選手の引退会見」と言えば、超ビッグニュースだから国民的な注目を集めるのは当然だ。しかし、あの会見が「ああいう感じ」でなければ「こうまでならなかった」かもしれない。ノーヒットで終わった引退試合直後の会見は、ひょっとしたら別の展開もありえたというわけだ。

ここ数年で出場機会が減り、2018年のシーズンは活躍のチャンスももらえなかった。最後の日本での公式試合も……となると「しんみり、しみじみ」か「無理矢理ハッピー」な流れになってもおかしくない。そう気を揉んでいた私は、本当にバカで愚かで（同じか）恥ずかしい。最初から最後までイチロー選手は楽しそうだった。引退という文字から、「エモーショナルになって涙ぐむシーンもあり得る」を想定し、いつでも目尻に光るものを捉えられるよう心の準備をしていたカメラさんの、その準備は無用だった。

イチロー選手「（夜遅くなのに）こんなにいるの？　びっくりするわ。そうですか（笑顔）」

そして質問。

記者A「（引退という）その決断に、後悔や思い残したところは？」

やや重めの質問から始まった。こういう場合、イチロー選手ではないフツウの人は即答を避け、「そうですねえ……」と彼方を見やり、過ぎ去った日々を思い起こし、かみしめるようなためをつくるケースがしばしばだ（ホントか？）。そういう、戦略的な「そうですね……」はアリだと思う。

ところが単なる口癖（ノイズ）で、「そうですねえ」を言わないとその先が出てこないという残念な人も少なくない。

イチロー選手はそのどちらでもなく、スッキリ無駄なく、ストレートにこう返した。

「今日の球場の出来事、あんなものを見せられたら後悔などあろうはずがありません」

少しだけ文語調な言い回しを軽やかに口にする、新鮮な返しに引き込まれた！

そして次の、謙虚だがしっかり自己主張もする姿勢にしびれた！

「もちろん、もっとできたことはあると思いますけど、結果を残すために自分なりの重ねてきたこと、他人より頑張ったということはとても言えないですけど、自分なりに頑張ってきたとはハッキリと言えるので」

アメリカでイチロー選手が磨いてきたのは野球のプレイだけでなく「言葉」でもあったことは、その後のさりげないやり取りの中にも見て取れる。

繰り返すが、イチロー選手は、話し始めに「ノイズ」を入れない。

女性記者B「子供たちにメッセージをお願いします」

イチロー選手「シンプルだな、メッセージか……苦手なのだな、僕が（笑）」

「メッセージを」と「無茶ぶり風」に言われたとき、「そうですねえ、まあ」と「ノイズ」で間合いをとって「時間稼ぎ」をするのは私たちの常套手段だが、イチロー選手はそうではなく「メッセージは苦手なのだ（自分はメッセージを伝えるほどエラくない、とのメッセージ?）」と言いながら、すぐにこう返答した。

「自分に向くか向かないかよりも、自分の好きなものを見つけてほしいなと思います」

スマートだ。公の場面では、リスクの高い「自分の感情を素直に伝える＝自己開示」を避けるのが日本式、適切な自己開示で親しみの情を交わし合うのがアメリカ式と言われるが、イチロー選手は、まさに後者だ。

女子アナC「開幕シリーズ（東京ドームのメジャー公式戦）を大きなギフト（自分に与えられた贈り物）とおっしゃっていました。それが私たち（一般のファン）のほうが大きなギフトをもらったような気がするんです」

イチロー選手をリスペクトする（ヨイショする?）コメントに、彼は「そんなことないですよ」ではなくズバリこう返した。

イチロー選手「そんなアナウンサーっぽいこと言わないでくださいよ（笑）」

女子アナC「これからどんなギフトをくださるんでしょう」（食い下がる）

イチロー選手「ないですよ、そんな無茶言わないでください（笑）」

けなげに迫る女子アナと、謙虚さをジョークに包んで返しつつ、会話を楽しむふたりのやり取りに会見場全体は和やかな笑いに包まれた。

記者D「イチロー選手の生き様で、ファンの方に伝わっていたらうれしいということはありますか?」

ヒーローの引退に絡んで「生き様」という言葉が使われても不思議はない。とはいえ、いい加減に生きてきた私のようなオッサンが「俺の生き様」と使ったらアホかと言われる。「生き様」などという大げさな言い回しを、自分に使われることに抵抗したくなる「言語感覚」は健全だと感じる。イチロー選手は、即座に反応した。

「『生き様』というのは僕にはよくわからないですけど……『生き方』と考えれば」とひと言添えて返答を始めたイチロー選手に、「言葉を大切にしているんだなあ」と好感度がさらにアップした人は多いだろう。

なんてことで、キリがないからここでおしまい。イチロー選手、カッコいいなあに尽きる!

本書は「ＮＩＫＫＥＩ　ＳＴＹＬＥ」の連載「梶原しげるの『しゃべりテク』」を再編集したものです。

日経ビジネス人文庫

イラッとさせない
話《はな》し方《かた》

2020年8月3日 第1刷発行

著者
梶原しげる
かじわら・しげる

発行者
白石 賢

発行
日経BP
日本経済新聞出版本部

発売
日経BPマーケティング
〒105-8308 東京都港区虎ノ門4-3-12

ブックデザイン
鈴木大輔・江﨑輝海(ソウルデザイン)

本文DTP
ホリウチミホ(nixinc)

印刷・製本
中央精版印刷

Printed in Japan ISBN978-4-532-19978-4